Platone
Cratilo

A cura di
Salvatore Primiceri

Traduzione di
Emidio Martini

LIBRI DELL'ARCO
RIMINI

2023 Tutti i diritti riservati
Finito di stampare nel mese di agosto 2023
presso Rotomail Italia Spa – Vignate (MI)
per conto di Libri dell'Arco - Rimini
Prima Edizione
ISBN 979-12-80625-79-3
www.libridellarco.it

INDICE

In memoria di Emidio Martini[1]

Nota dell'editore alla nuova edizione dei
Dialoghi di Platone

Nel percorso di ricerca qualitativa che caratterizza le proposte editoriali di Libri dell'Arco non poteva mancare la pubblicazione dei "*Dialoghi Socratici*" di Platone, per molti e non a torto considerato il più grande e influente filosofo di ogni tempo. Ma il segno distintivo di questa riedizione, suddivisa in vari e autonomi volumi, per il quale riteniamo necessario spendere alcune parole, riguarda l'opera del traduttore. Abbiamo, infatti, scelto di riproporre le traduzioni di Emidio Martini, eminente filologo e grecista nato a Napoli il 9 novembre 1852 e ivi spentosi il 1° febbraio 1940. Le motivazioni di tale scelta sono molteplici, prima fra tutte l'eleganza stilistica, la chiarezza e la accuratezza delle traduzioni, le quali permangono ancora oggi un punto di riferimento importante sia per studenti e appassionati che per studiosi accademici. In secondo luogo, Emidio Martini è stato un protagonista culturale di indubbie qualità morali, a cui vale certamente la pena rendere memoria e

---

[1] Le notizie biografiche su Emidio Martini sono state tratte dall'introduzione di Domenico Bassi apparsa in Platone, *La Repubblica*, Paravia, Torino 1940; e dall'introduzione di Giuseppe Pugliese Carratelli apparsa in Platone, *Tutte le opere*, Sansoni, Firenze 1989.

I

onore. Il suo amico e collaboratore Domenico Bassi non esitò a definire Martini *"un uomo vissuto di umanesimo e di bontà, di nobili e liberali sentimenti, di grande onestà, di insuperabile rettitudine"*.

Laureato in giurisprudenza e in lettere presso l'Università di Napoli, dove ebbe come maestri Luigi Settembrini e Francesco De Sanctis, Emidio Martini si perfezionò in greco e in paleografia presso l'Istituto di Studi Superiori di Firenze, allievo di Domenico Comparetti. Entrato per tempo nella carriera delle Biblioteche, giunse ben presto meritatamente al grado più alto. Successivamente fu prefetto della Biblioteca Nazionale di Palermo, della Nazionale di Milano (Braidense), della Universitaria e della Nazionale di Napoli. Delle quattro Biblioteche si rese benemerito in sommo grado per l'opera sempre fattiva, illuminata, sagace e per il suo altissimo senso del dovere. Fu più volte membro della Giunta consultiva delle Biblioteche. Dal 1920 al 1923, quando per i limiti di età e di servizio venne collocato a riposo, coprì la carica di sopraintendente bibliotecario per la Campania e la Calabria, e nel 1929 fu nominato ispettore onorario bibliografico per il Comune di Napoli. Libero docente in paleografia greca, ebbe nel 1914 l'offerta di una cattedra, da istituirsi ex-novo, di questa materia, all'Università di Napoli, ma non l'accettò, non volendo lasciare la Biblioteca. Era socio ordinario residente della R. Accademia di

II

Archeologia, Lettere e Belle Arti di Napoli, della quale fu anche Presidente, membro della Pontaniana e socio corrispondente del R. Istituto Lombardo di Scienze e Lettere. Cavaliere Ufficiale dell'Ordine dei SS. Maurizio e Lazzaro e Grand'Ufficiale dell'Ordine della Corona d'Italia. Durante il periodo di riposo tradusse tutti i dialoghi platonici tranne *Le Leggi* e la raccolta delle *Lettere*, per i quali non fece in tempo. *La Repubblica* venne pubblicata postuma curata da Bassi.

Eccellente grecista e valentissimo paleografo, conosceva a perfezione anche la letteratura bizantina. Pubblicò carmi inediti del poeta bizantino del secolo XIV Manuel File, in una edizione critica lodatissima anche in Germania, e in note accademiche e in miscellanee in onore di vari dotti, buoni studi intorno ad altri scrittori bizantini. Descrisse i manoscritti greci esistenti nelle Biblioteche della Lombardia, dell'Emilia, della Liguria, nella Nazionale di Palermo, nella Biblioteca dei Gerolamini di Napoli, nella Vallicelliana di Roma, in tre volumi (1893-1902), valendosi della collaborazione del buon e amico di vecchia data Domenico Bassi. Insieme descrissero, in dieci anni di lavoro ininterrotto, i codici greci, ben 1093, della Biblioteca Ambrosiana di Milano. Si tratta del celebre *Catalogus Codicum Graecorum Bibliothecae Ambrosianae*, che fu premiato dall'Accademia dei Lincei col premio reale per la filologia nel 1910. Sempre insieme a Bassi, Martini collaborò al *Catalogus Codicum*

Astrologorum Graecorum del Cumont e al *Catalogue des Manuscrits Alchimiques Grecs*, del Bidez, del Cumont e di altri. Martini e Bassi tradussero, con loro aggiunte, anche il *Vocabolario greco-tedesco* del Gemoll, Curarono, inoltre, nuove edizioni sempre arricchite, della *Letteratura Greca* di Vigilio Inama.

Il suo carattere morale fu pari all'ingegno e alla dottrina; e come il filologo e paleografo sottile e rigoroso si sia volto a Platone si spiega bene con quel che ha scritto Benedetto Croce, a lui legato da antica amicizia, nella prefazione ad un altro imprevedibile saggio dell'intellettuale finezza del Martini, la traduzione in versi del *Giulio Cesare* di Shakespeare (pubblicata postuma nel 1941): "*Parco nel suo dire, schivo di esterne manifestazioni, egli in mezzo alle guerre e alle rivoluzioni dei giorni nostri ardeva di passione per le sorti civili dell'umana società*". Lo storico napoletano Giuseppe Pugliese Carratelli, scomparso nel 2010, già curò nel 1974, una raccolta di tutti i dialoghi tradotti da Emidio Martini e motivò così la sua scelta: "Chi scrive ha letto la versione martiniana dei dialoghi platonici per indicazione di Benedetto Croce; e per averla riconosciuta di esemplare attenzione e singolare limpidezza , e degna dell'originale, ne ha suggerito la stampa ed ora è grato all'Editore per l'adesione alla proposta, e certo che non meno grati saranno i lettori".

Siamo pertanto convinti che lo stesso spirito che indusse a suo tempo Carratelli a riproporre i dialoghi platonici tradotti da Martini, possa essere da noi umilmente rinnovato attraverso la pubblicazione della presente collezione inserita nella collana "Gli Archetti" di Libri dell'Arco. Tale opera di recupero e rinnovazione vuole quindi significare sì un omaggio a Platone e all'immensità e contemporaneità del suo pensiero, ma anche (e soprattutto) un doveroso tributo al suo miglior traduttore, Emidio Martini, uomo fortemente convinto che la cultura sia il seme di miglioramento della società. Per questo motivo, cercando di onorare al meglio il nostro ruolo di operatori culturali prima che imprenditoriali, non possiamo esimerci dall'avere a cuore, come Martini, "le sorti della civili della società umana" e per questo siamo orgogliosi di riproporvi pagine bellissime, sempre eterne, fonti inesauribili di conoscenza e educazione.

Grazie a Emidio Martini e buona lettura!

Salvatore Primiceri

Rimini, agosto 2023

Elenco dei dialoghi in ordine cronologico

I dialoghi senza alcuna nota sono generalmente riconosciuti autentici. La nota (1) indica il mancato consenso generale che l'opera sia effettivamente di Platone, mentre la nota (2) indica l'opinione comunemente accettata dagli studiosi che Platone non ne sia l'autore.

DIALOGHI GIOVANILI

scritti dopo la morte di Socrate e i viaggi in Italia, fino alla fondazione dell'Accademia (395-387 a.C.). Generalmente sono dialoghi diretti: *Apologia di Socrate - Critone - Ione - Eutifrone - Carmide - Lachete - Liside - Alcibiade primo (1) - Alcibiade secondo (1) - Ippia maggiore (1) - Ippia minore (1) - Menesseno - Protagora - Gorgia*

DIALOGHI DELLA MATURITA'

(a) scritti dopo la fondazione dell'Accademia (388-368 a.C.). Generalmente sono dialoghi narrati, da Socrate o altri: *Clitofonte (1) - Menone - Fedone - Eutidemo - Simposio - La Repubblica - Cratilo*

(b) scritti in una fase avanzata (368-365 a.C.), preludono ai grandi dialoghi dialettici. Platone torna al dialogo diretto: *Fedro - Parmenide - Teeteto*

DIALOGHI DIALETTICI

scritti nell'ultima fase della vita di Platone (365-347 a.C.): *Sofista - Politico - Timeo - Crizia - Filebo - Leggi*

DIALOGHI SPURI

(a) considerati non autentici fin dall'antichità: *Demodoco (2) - Sulla giustizia (2) - Sulla virtù (2) - Sisifo (2) - Erissia (2) - Assioco (2)*

(b) ritenuti apocrifi dagli studiosi moderni: *Alcibiade secondo (2) - Amanti (2) - Ipparco (2) - Minosse (2) - Teage (2) - Epinomide (2)*

Dall'interpretazione tradizionale si discosta Charles H. Kahn, secondo il quale non vi sono basi per poter datare con sicurezza i dialoghi di Platone, considerato che essi sono il risultato di successive revisioni operate dall'autore durante tutta la vita. Pertanto, Kahn propone di suddividere i dialoghi in tre gruppi, partendo da considerazioni stilistiche e senza alcuna pretesa di fornire un ordine cronologico: il primo gruppo (suddiviso a sua volta in 6 sottogruppi) è costituito dai dialoghi che segnano il percorso verso La Repubblica, dialogo che a sua volta apre il secondo gruppo, e a seguire il terzo, composto dai dialoghi dialettici.

Apologia e Critone; Ione e Ippia minore; Gorgia e Menesseno; Lachete, Carmide, Eutifrone e

Protagora; Menone, Liside ed Eutidemo; Simposio, Fedone e Cratilo

Repubblica, Fedro, Parmenide, Teeteto

Sofista, Politico, Filebo, Timeo, Crizia, Leggi

In base alle indicazioni fornite dallo stesso Platone, si può ricostruire una sequenza parziale dei dialoghi descritta di seguito: Teeteto, Eutifrone, Sofista, Politico, Apologia, Critone e Fedone, che dovrebbero essere tutti ambientati nell'anno 399 a.C. L'Eutifrone si svolge nello stesso giorno del Teeteto, prima della morte di Socrate, mentre il Sofista si svolge fra gli stessi personaggi con la rilevante aggiunta dello "Straniero di Elea" e contiene un riferimento al patto orale del giorno prima. Platone indica anche che il Politico segue immediatamente al Sofista, mentre gli ultimi tre sarebbero ambientati nelle due settimane successive. Non sono chiare le ragioni per cui Platone abbia datato così il Timeo e i due dialoghi dialettici ponendoli in un momento delicato della vita di Socrate, cioè dal giorno in cui egli si reca per ricevere la notifica dell'accusa a poco prima del processo che lo condanna a morte.

Ordinamento in tetralogie

Il grammatico Trasillo, nel I secolo d.C., seguendo un'affinità di argomento, ordinò le opere platoniche in gruppi di quattro:

Eutifrone, Apologia di Socrate, Critone, Fedone

Cratilo, Teeteto, Sofista, Politico

Parmenide, Filebo, Simposio, Fedro

Alcibiade primo, Alcibiade secondo, Ipparco, Amanti

Teage, Carmide, Lachete, Liside

Eutidemo, Protagora, Gorgia, Menone

Ippia maggiore, Ippia minore, Ione, Menesseno

Clitofonte, La Repubblica, Timeo, Crizia

Minosse, Leggi, Epinomide, Lettere

Altre opere spurie sono:

Definizioni, Sulla giustizia, Sulla virtù, Demodoco, Sisifo, Erissia, Assioco, Alcione, Epigrammi.

Ordinamento in trilogie

Una diversa e più antica classificazione risale ad Aristofane di Bisanzio (III secolo a.C.), che ordinò le opere platoniche in cinque trilogie:

Repubblica, Timeo, Crizia

Sofista, Politico, Cratilo

Leggi, Minosse, Epinomide

Teeteto, Eutifrone, Apologia di Socrate

Critone, Fedone, Lettere

Cenni biografici di Platone

I più salienti tratti biografici di Platone si possono evincere, più che da altre fonti, dalla *Settima Lettera*, l'unica, contenuta nella più ampia opera delle *Lettere*, ad essere ritenuta autentica dalla maggioranza degli studiosi del filosofo greco.

Platone nacque nel 427 a.C. ad Egina; il padre Aristone e la madre Perictione appartenevano ad antiche e ricche famiglie. Ventenne, incontrò Socrate: i *Dialoghi Socratici* e l'inizio della *Settima Lettera* sono testimonianza del grande significato che questo incontro ebbe per il giovane.

Egli scrive nella *Settima Lettera*[2]:

Quando ero giovane anche io feci quella stessa esperienza che capitò a molti; pensai, una volta divenuto padrone di me stesso, di volgermi alla vita politica e agli affari della città. Ci furono poi alcuni rivolgimenti politici in città. Infatti si verificò un cambiamento ai vertici del governo di allora, ormai attaccato da più parti. Il potere fu posto nelle mani di cinquantuno magistrati[3]: undici in città, e dieci al Pireo avevano ciascuno il compito di occuparsi della gestione del mercato e di piccoli incarichi amministrativi, ma come capi supremi c'erano altri trenta magistrati.

---

[2] Platone, *La Settima Lettera*, Traduzione di Francesca Cupido, Primiceri Editore, Padova 2020.
[3] Si parla del regime oligarchico dei Trenta tiranni (404-403 a. C.).

Caso volle che tra costoro ci fossero anche alcuni miei parenti[4] e conoscenti che mi invitarono subito a entrare a far parte del governo. Non deve stupire la mia reazione a una simile proposta: pensavo che avrebbero portato la città da uno stato di illegalità ad uno di giustizia, cosicché mostrai particolare interesse nei confronti del loro futuro operato.

Mi resi conto che questi uomini in poco tempo fecero sembrare il governo precedente l'*età dell'oro*, e tra l'altro ordinarono al mio vecchio amico Socrate, uomo che, non mi vergogno a dirlo, era il più giusto tra quelli di allora, di recarsi con altre persone a prelevare con violenza un uomo per condannarlo a morte.

Agirono così per costringerlo a prendere parte, volente o nolente, alle loro malefatte; ma lui non volle obbedire, preferì esporsi ad ogni rischio pur di non essere compartecipe delle loro nefandezze.

Al vedere tutte questi atti indegni e altri di non minore gravità, rimasi disgustato e mi feci da parte.

Dopo non molto tempo il regime dei trenta cadde insieme a tutto il sistema di governo di allora. Fui preso di nuovo, anche se in modo più pacato, dal desiderio di occuparmi della vita politica e del bene comune.

Anche in questi sconvolgimenti si verificarono molti fatti vergognosi, e non è insolito che, in tutte le rivoluzioni, vengano portate a compimento vendette, anche piuttosto efferate, contro i nemici; ma poi quelli che tornarono al governo agirono con mitezza.

Accadde però che alcuni potentati portarono a processo anche il nostro amico Socrate con l'accusa più infamante, tra tutte quella che meno gli si addiceva: lo incriminarono per empietà. Lo condannarono e lo misero a morte[5] , lui

---

[4] Si tratta di Carmide e Crizia, quest'ultimo era zio di Platone e leader del regime dei Trenta Tiranni.

[5] Socrate venne condannato a morte con l'accusa di profanazione della sacralità delle leggi e di corruzione dei

che un tempo non aveva voluto prendere parte all'empia cattura di un loro compagno esule[6], quando erano in fuga e perseguitati dalla malasorte.

Ad assistere a tali vicende e al vedere uomini gestire in tal modo gli affari cittadini, le leggi e i costumi, riflettevo, e col passare degli anni, quanto più ci pensavo, tanto più mi sembrava difficile dedicarmi alla vita politica mantenendomi onesto.

Purtroppo ciò non era possibile senza alleati onesti e fidati, e non era semplice trovarne di disponibili, la città non viveva più secondo le tradizioni e i valori dei padri, era anche impossibile radunare nuovi compagni nell'immediato.

Il testo e i costumi delle leggi cominciarono a corrompersi in modo talmente assurdo che a me, che prima ero pieno di entusiasmo all'idea di dedicarmi alla politica, adesso guardando a questa situazione e vedendola completamente allo sbaraglio, vennero le vertigini.

Io, però, non smisi mai tenere sott'occhio la situazione, per vedere se ci sarebbero stati miglioramenti riguardo a questi specifici eventi e alla situazione politica nel suo complesso, ma prima di impegnarmi concretamente aspettavo sempre l'occasione propizia. Arrivai alla conclusione che tutte le città fossero amministrate da cattivi governi, che le leggi fossero destinate inesorabilmente al declino senza un intervento straordinario o un colpo di fortuna.

Capii quanto fosse necessario riconoscere alla buona filosofia grandi meriti, perché solo grazie ad essa è

---

giovani nel 399 a.C., il processo è descritto nel dialogo platonico Apologia di Socrate. Gli accusatori furono Meleto, Anito e Licone.

[6] Cfr. Apologia di Socrate (righi 32b-32c), il condannato è Leone di Salamina avversario del regime oligarchico.

possibile discernere *il giusto* sia nel pubblico che nel privato.

Socrate morì nel 399, condannato a morte dopo un processo iniquo e ingiusto, avviato da false accuse; Platone lasciò Atene per Megara, e fece viaggi in terre dove la civiltà greca aveva trovato alimento e forme originali – come Cirene e la Magna Grecia – e in un paese non greco, ma affascinante per i Greci dai giorni di Erodoto, l'Egitto. Il primo viaggio in Italia e in Sicilia avvenne nel 388/7, e si conclude con un episodio di cui Platone tace: la sua cattura, per ordine di Dionisio I, tiranno di Siracusa, e la sua vendita come schiavo sul mercato di Egina, dove fu riscattato da Anniceris di Cirene. A Siracusa Platone era divenuto amico di Dione, cognato e poi genero del tiranno, e – come racconta nella Settima Lettera – l'aveva trovato come nessun altro disposto ad ispirare l'azione politica alle teorie che Platone aveva elaborato dopo le deludenti esperienze della sua giovinezza. Tornato ad Atene, animato dall'incontro con Dione e convinto di dover operare perché la filosofia non rimanesse estranea alla vita degli uomini – che un Ateniese d'alto sentire non poteva concepire se non come vita di componenti di una società civile, anche quando, come avvenne a Socrate, la vocazione filosofica per sua natura eccezionale rendesse difficile la convivenza – fondò, probabilmente nel 386, l'Accademia.

Nel 367 morì Dionisio I il Vecchio; e Dione, fiducioso nell'attitudine del giovane Dionisio II allo studio filosofico, invitò Platone a tornare in Sicilia. La fiducia di Dione si rivelò presto infondata: egli stesso fu costretto dal tiranno all'esilio, e Platone, che aveva avuto compagno nel viaggio il discepolo Senocrate, rientrò ad Atene; ma alle delusioni di Siracusa poté trovare conforto nell'amicizia di Archita e dei Pitagorici di Taranto e nei loro successi politici. Dione, venuto ad Atene ospite dell'Accademia, riponeva in Platone tutte le sue speranze di tornare in patria, di rivedere la sua famiglia cui Dionisio vietava di lasciare Siracusa e di recuperare i suoi beni. Alle sue insistenze si aggiunsero quelle degli amici Tarantini; e Platone, benché ormai stanco e poco fiducioso, si impose come un dovere di amicizia l'assenso agli iterati inviti del tiranno. Nell'aprile del 361, accompagnato dal nipote Speusippo, venne per la terza volta a Siracusa. Dello spiacevole soggiorno e della drammatica conclusione la *Settima Lettera* conserva una efficace descrizione. Grazie all'intervento del governo di Taranto, Platone poté lasciare indenne la Sicilia, nel 360; e nell'agosto raggiunse ad Olimpia Dione, che si era risoluto a preparare una spedizione militare contro Dionisio. Nel 357 Dione entrò vincitore in Siracusa; nel 354 fu ucciso per iniziativa di un ambizioso ateniese, Callippo, che gli era stato condiscepolo nell'Accademia e lo aveva accompagnato in Sicilia. Platone fu profondamente turbato – come amico di Dione, come maestro fondatore dell'Accademia, come Ateniese – da questo fosco episodio. Da allora egli seguì le vicende siciliane solo per richiamare gli amici di Dione al rispetto degli ideali del loro maestro, e per esortare a mettere fine alla guerra civile, che minacciava di gettare la Sicilia greca in balia dei Cartaginesi e dei mercenari campani chiamati nell'isola dai tiranni; la *Settima Lettera* riflette le preoccupazioni del filosofo, che morì ottantenne nel 347.

Cronologia di Platone

427 a.C. – Nascita di Platone ad Atene.

421 a.C. – Pace di Nicia. Conclusione della prima parte della Guerra del Peloponneso, favorevole ad Atene.

415 a.C. – Atene, su pressioni di Alcibiade, invia una grande flotta alla conquista della Sicilia.

413 a.C. – Sconfitta in Sicilia per Atene che dovrà affrontare, indebolita da ingenti perdite, la seconda parte della guerra con Sparta.

411 a.C. – Colpo di Stato oligarchico ad Atene. Viene sciolta la Bulé e viene eletto un Consiglio dei Quattrocento con l'incarico di scegliere cinquemila cittadini a cui affidare il governo. Dopo pochi mesi, grazia alla flotta di stanza a Samo, rimasta fedele alla democrazia, viene ristabilito il governo democratico.

407 a.C. – Platone diviene discepolo di Socrate. Atene, nel frattempo, subisce una pesante sconfitta a Notion.

404 a.C. – Atene si arrende a Sparta. Nasce il governo dei Trenta Tiranni guidato da Crizia, ex democratico e discepolo di Socrate. Prima delusione politica di Platone, il quale, invitato dai parenti Carmide e Crizia a collaborare al nuovo governo, si rese ben presto conto della crudeltà e ingiustizia dei nuovi governanti, i quali ordinarono a Socrate di recarsi con altre persone a prelevare con violenza un uomo e condannarlo a morte. Il motivo era tentare di coinvolgere Socrate nelle malefatte del governo. Ma Socrate si rifiutò di obbedire.

L'esempio di giustezza del suo maestro e le numerose nefandezze compiute ogni giorno dai Trenta, spinsero Platone a mettersi da parte e rinunciare alla politica attiva.

403 a.C. – Trasibulo guida i democratici che rientrano con forza ad Atene ripristinando la democrazia. Il clima in città è comunque afflitto dalla crisi seguita alla sconfitta con Sparta e alla perdita dell'Impero.

399 a.C. – Processo e condanna a morte di Socrate. Seconda delusione politica per Platone: il suo maestro viene processato e condannato a morte ingiustamente.

399 a.C. / 388 a.C. – Platone inizia a viaggiare e a scrivere i *Dialoghi Socratici*, per rendere vivo e tramandabile il pensiero del suo maestro Socrate.

388 a.C. – Platone visita per la prima volta la Sicilia. Incontro con Dione e Dionisio il Vecchio.

386 a.C. – Pace di Antalcida. Il trattato sanciva l'indipendenza di tutte le *poleis* greche, grandi e piccole, eccetto Lemno, Imbro e Sciro che rimanevano sotto il controllo ateniese, divenendo cleruchie, ma prevedeva la rinuncia da parte greca dei nuovi territori conquistati nell'Egeo, che passavano sotto l'impero achemenide, che manteneva anche il controllo delle città della Ionia, di Clazomene e di Cipro.

386 a.C. / 367 a.C. – Platone scrive i *Dialoghi della Maturità*.

371 a. C. – Epaminonda guida l'esercito tebano e sconfigge gli Spartani a Leuttra. Tebe si sostituisce a Sparta nel ruolo di presenza egemone in Grecia.

367 a.C. – Morte di Dionisio I. Platone torna a Siracusa con l'intento di educare, con l'aiuto di Dione, il giovane ascendente al trono Dionisio II alla filosofia e al buon governo.

366 a.C. – Allontanamento di Dione da parte di Dionisio II a seguito dei consigli di Filisto.

365 a.C. / 361 a.C. – Platone scrive probabilmente in questo periodo i *Dialoghi Dialettici.*

364 a.C. – Epaminonda muore sul campo di Mantinea. Inizia il declino di Tebe.

361 a.C. Ultimo viaggio di Platone a Siracusa su invito di Dionisio II. Platone tenta una mediazione tra Dione e Dionisio II ma la situazione precipita. Platone fu salvato dai Pitagorici di Taranto. Ultimo incontro con Dione a Olimpia.

360 a.C. / 347 a.C. – Platone scrive ad Atene i suoi ultimi dialoghi: Timeo, Crizia, Le Leggi (rimaste incompiute). Scrive anche la Settima e l'Ottava Lettera.

359 a.C. – Filippo II diventa Re dei Macedoni e inizia la sua politica per dare alla Macedonia un ruolo di primo piano nella scena politica greca.

357 a.C. – Spedizione militare di Dione contro Dionisio II. Caduta del tiranno e inizio del governo di Dione.

354 a.C. – Morte di Eraclide dopo vari tentativi di tradire Dione.

354 a.C. – Uccisione di Dione ad opera del suo soldato traditore Callippo.

353 a.C. – Ipparino con gli alleati prende il potere a Siracusa. Espulsione di Callippo.

351 a.C. – Morte di Ipparino. Il fratello Niseo succede al trono.

348 a.C. – Morte di Platone.

347 a.C. – Ritorno di Dionisio II al potere a Siracusa.

346 a.C. – Pace di Filocrate. Trattato di pace stipulato tra Atene ed il Regno di Macedonia, che sancì la fine della Terza guerra sacra. Filippo di Macedonia assume il controllo dell'anfizionia delfica. Si avvicina la fine dell'autonomia delle *poleis*.

344 a.C. – Il generale corinzio Timoleonte libera Siracusa. Dionisio II fu esiliato a Corinto dove morì dopo il 343 a.C.

QUESTIONI INTRODUTTIVE
ALLA LETTURA DEL CRATILO

Il *Cratilo* è un dialogo che affronta il problema della correttezza dei nomi, aprendo la strada ad una più estesa filosofia del linguaggio che, da Platone, arriverà ad essere ampliata e approfondita anche in seguito da Aristotele fino al mondo contemporaneo. Con il *Cratilo* si inizia a sviluppare un complesso e articolato ragionamento sul ruolo delle parole e del linguaggio in rapporto alla verità. Vedremo comunque come non ci sia accordo fra gli studiosi circa l'intendere il presente dialogo come una esposizione di una compiuta teoria del linguaggio, in quanto in esso appaiono elementi "nuovi" che sembrano contraddire in parte la teoria delle idee di Platone, caposaldo di tutta la sua dottrina sulla conoscenza.

Il dialogo si svolge tra Ermogene e Cratilo con l'intervento di Socrate. I primi due hanno una concezione opposta riguardo al tema oggetto del confronto. Ermogene, infatti, ritiene che i nomi che diamo alle cose sono del tutto arbitrari e non hanno alcun collegamento con la natura di esse (è la concezione sofistica del linguaggio per la quale il nome si adatta a seconda delle convenzioni poste dall'uso). Una cosa si può chiamare in un modo o in un altro, senza che vi sia alcuna differenza sostanziale. Cratilo afferma invece che i nomi sono dati per natura, ossia rispecchiano fedelmente la realtà delle cose. Cratilo simboleggia così la concezione naturalistica del linguaggio: esiste un'assoluta identità tra nome e cosa nominata. Il nome è vero sempre, perché racchiude in sé la stessa natura che pervade la cosa nominata. Ogni nome è indizio di conoscenza, di una conoscenza meravigliosa, divina, quasi sacrale. Il nome è giusto perché i primi a nominare le cose furono gli dèi che, essendo perfetti, assegnarono nomi perfetti alle cose. Non esistono dunque nomi sbagliati; esistono nomi e non-nomi.

Socrate si inserisce nel dibattito iniziando a confutare le due tesi e cercando di dimostrare, in primo luogo, che i nomi non sono solo convenzioni, ma anzi rappresentano qualcosa dell'oggetto a cui si riferiscono; contengono, cioè, qualche caratteristica che li rende perfetti nell'adattarsi alla cosa descritta. Socrate afferma che i nomi fanno parte del discorso e poiché esistono discorsi veri e discorsi falsi, esistono anche nomi corretti e nomi non corretti. Nasce qui una lunga disquisizione sull'etimologia dei nomi e sulla loro composizione in lettere. Questa loro caratteristica di essere composti li rende suscettibili di un'ulteriore indagine: quella degli elementi che lo compongono, come le vocali. Le vocali, o, più in generale, gli elementi che formano i nomi, devono infatti riprodurre l'essenza delle cose, giacché è a questa che si riferiscono.

Cratilo, però, si oppone all'analisi di Socrate, affermando che il nome è sempre giusto, sempre vero, perché è della stessa natura delle cose che descrive. Il nome sbagliato non è un vero nome.

Socrate, a questo, punto, cerca di mediare ancora il discorso introducendo il concetto di "somiglianza" o "imitazione" (il linguaggio serve a creare una imitazione dell'immagine che si vuole o intende rappresentare). L'estremizzazione di Cratilo, infatti, è quella di considerare il nome direttamente discendente dalla natura dell'oggetto. Per Socrate, invece, non vi è sempre perfetta identità tra nome e cosa rappresentata; quindi, non è sempre possibile dire che il nome e la cosa a cui si riferisce siano la medesima cosa. Un nome può essere più adatto e meglio rappresentativo ma non per forza uguale alla cosa che descrive. In altri casi il nome e la cosa possono essere perfino dissimili. Ecco perché possono esistere nomi sbagliati.

Ma Cratilo, pur ammettendo timidamente la validità del ragionamento di Socrate, insiste sul fatto che i nomi debbano essere per forza sempre corretti. Questo perché il linguaggio è la principale fonte di conoscenza e se i nomi non sono sempre corretti, allora ci troveremo ad attingere ad una fonte in cui è presente l'errore e quindi priva di affidabilità.

Socrate attribuisce la nascita dei nomi al legislatore, inteso sia come uomo che come divinità. Il legislatore non poteva avere una corretta conoscenza delle cose poiché i nomi non erano ancora stati inventati. Ecco perché gli errori sono possibili. Esiste allora un modo migliore per conoscere: non attraverso i nomi, ma attraverso le cose stesse (gli enti); solo le cose possono non essere contraddette, mentre i nomi si prestano a molteplici interpretazioni. La possibilità di una conoscenza vera e di una reale correttezza dei nomi risiede nella stabilità della natura delle cose. Poiché la natura è stabile, e rimane sempre uguale, allora è possibile denominarla con precisione.

Socrate non prova a dimostrare in che modo si possa accedere a questo livello di conoscenza che supera il linguaggio e va dritto all'essenza delle cose. Egli afferma che trovare "gli enti" è un'impresa superiore sia per le sue facoltà che per quelle di Cratilo. Bisogna quindi accontentarsi di aver raggiunto un accordo che per acquisire una vera conoscenza sulle cose non bisogna partire dalle parole ma, piuttosto, indagare e apprendere gli enti in sé stessi. Cratilo non appare molto convinto ma accetta il ragionamento e si congeda da Socrate.

La filosofia del linguaggio di Platone, che emerge dal dialogo del *Cratilo*, è quindi strettamente correlata alla *teoria delle idee* e alla *teoria della reminiscenza*, già incontrata nel *Menone*, anche se nel *Cratilo*, come dicevamo in apertura, pare emergere una contraddizione. Strumento principe della conoscenza per Platone è infatti il *Logos* (ragione, intelletto). Le cose non si conoscono attraverso una sensazione immediata ma attraverso un'intuizione intellettuale. Attraverso il *Logos*, l'uomo ricorda le cose perfette conosciute nell'*Iperuranio* e riesce così a definirle. Platone fonda pertanto la sua concezione del linguaggio sull'ontologia; per Platone è immediatamente evidente che esista un'altra realtà al di fuori del nome; è la realtà stessa delle cose a cui i nomi si riferiscono. Bisogna infatti che esista una natura al di fuori del nome perché esista una reale nominabilità. Senza questa natura, senza quest'essenza, rimarrebbe inutile nominare, giacché non si dovrebbe indicare nulla con il nome, perché non ci sarebbe nulla da indicare. Platone allora comincia dal *Cratilo* ad elaborare una teoria di Idee immutabili: di un'essenza stabile nella natura, che rimanga uguale ed inalterata nel tempo e che renda valida la nominabilità stessa.

Come ben spiega Franco Trabattoni nel suo testo *"La filosofia di Platone"* (Carocci Editore, Roma 2020): "Anche qui (nel *Cratilo*), in primo luogo, la relazione conoscitiva comporta tre termini: un soggetto (l'anima), un oggetto (le idee), un medium immagine o filtro che dir si voglia: e anche qui, in secondo luogo, la riflessione sulle nostre facoltà conoscitive, conduce a postulare l'esistenza di una realtà da esse indipendente, e dunque anteriore al pensiero e al linguaggio che lo esprime. Mentre, però, nel *Fedone* questa realtà indipendente è collocata in una dimensione diversa da quella sensibile, sulla base del tipico dualismo platonico mediato e temperato dalla *dottrina della reminiscenza*, nel *Cratilo* si affaccia, almeno in linea di principio, la possibilità teorica che l'anima abbia un accesso diretto e immediato alla realtà trascendente dell'idea".

La questione di un accesso sensibile anziché intellettivo alla conoscenza ha dato filo da torcere a molti studiosi di Platone. Un possibile superamento di tale apparente contraddizione è riportato nelle pagine seguenti (da pag. 18) da Emidio Martini che, a sua volta, attinge dall'analisi di Carlo Giussani, del 1896, contenuta nel suo testo "*La questione del linguaggio secondo Platone e secondo Epicuro*". Il fine del *Cratilo*, in conclusione, non sarebbe quello di esporre una teoria del linguaggio bensì di dimostrare che l'indagine sul significato originario delle parole non conduce alla spiegazione delle cose. L'intento non è quindi di formulare una teoria ma, semplicemente, confutare l'affermazione che il linguaggio sia il mezzo o uno dei mezzi per insegnare la natura delle cose. Cratilo ritiene che i nomi siano il solo mezzo che conduce alla conoscenza delle cose. Secondo Giussani il Cratilo è da intendersi un complemento del *Teeteto* sul tema della conoscenza. In questo modo si giunge a conferma che la conoscenza non risiede nella sensazione, nell'opinione, ma nella visione delle *Idee*. Concludendo, la conoscenza deriva dalle *Idee* e non dalle parole, il tutto in pena coerenza con la dottrina platonica.

ARGOMENTO DEL "CRATILO„

Mentre Ermógene, un giovane del circolo socratico, e Crátilo, un filosofo della scuola d'Eraclito, erano impegnati in una discussione — non è detto dove, ma probabilmente in qualche ginnasio — sopraggiunge Socrate, che Ermógene, col consenso del suo contradittore, si affretta a mettere a parte del loro discorso. Discutevano i due dell'origine de' nomi, sostenendo Ermógene che i vocaboli denotano gli oggetti unicamente in forza d'un patto intervenuto fra gli uomini, senza che tra la cosa e il nome interceda nessuna connessione naturale e necessaria; l'altro invece che i nomi sono conformi a natura, e, cioè, esprimono così intimamente la natura delle cose, che quando manchino a questa condizione, cessano addirittura d'esser nomi (1). E senza spiegarsi con troppa chiarezza, Crátilo si contentava di esemplificare il proprio concetto affermando che, se lui e Socrate portavano giustamente il nome con cui la gente li designava, questo

_____

(1) Platone dunque non tratta la questione della vera origine del linguaggio, non si propone d'indagare come, per esempio, dopo di lui Epicuro, se il linguaggio fosse un prodotto naturale o una trovata dell'uomo. Le due tesi contrapposte di Crátilo e d'Ermógene presuppongono entrambe che esso è creazione umana, salvo che per Crátilo i vocaboli esprimono il concetto o la natura delle cose, e per Ermógene non sono che meri segni convenzionali.

non era davvero il caso di Ermógene, a cui un tal nome non s'addiceva punto, sebbene tutti lo chiamassero così (I).

Socrate, tratto in causa, premessa, secondo il suo solito, una protesta sulla propria ignoranza — non aveva neppur seguito il più ampio corso di letture in cui il sofista Pródico trattava di proposito codesto argomento — si dichiara nondimeno pronto ad esaminare insieme con lui e Crátilo il difficile problema. E dopo d'avere indotto Ermógene a chiarir meglio il proprio pensiero, gli muove una prima obiezione che è questa: se ci sono giudizî falsi e giudizî veri — cosa che Ermógene non nega — devono esserci del pari nomi falsi e nomi veri. Ma l'altro, evitando di seguirlo su questa via, riafferma la sua convinzione che i nomi sono affatto convenzionali, che perciò possono essere apposti o mutati arbitrariamente così dalle città come dai privati, e sono quindi tutti egualmente veri per chi li usa (I-III).

Però — obietta Socrate — se l'origine de' nomi ha natura arbitraria e subiettiva, sono poi tali anche gli enti che essi designano? e sarebbero vere le sentenze di Protágora e d'Eutidemo, il primo de' quali asseriva che ciascuna cosa ha la natura che a ciascuno pare che abbia, e l'altro che ogni cosa può ad ogni momento parere ed essere ad ognuno in ogni modo? E Socrate dimostra la falsità di entrambe queste sentenze richiamandosi all'esperienza personale dello stesso Ermógene, il quale non può sconvenire che nel mondo ci sieno e buoni e cattivi, il che, data l'identità assoluta della virtù con la sapienza, come del vizio con l'ignoranza — concetto fondamentale della morale socratica — equivale a dire che gli uomini si distinguono in sapienti ed insipienti, distinzione che sarebbe affatto impossibile ove l'una o l'altra di quelle dottrine fosse vera. Se dunque quelle dottrine son false, bisogna concluderne che le cose hanno natura oggettiva; e se queste sono di loro natura tali, tali saranno anche i nostri atti, i quali perciò non possono essere compiuti in maniera arbitraria e capricciosa, ma sono determinati e regolati nel loro processo dal fine a cui sono diretti. Ora il denominare, che è parte del discorrere, è anch'esso un atto come gli altri; e poichè lo strumento necessario a compiere ciascun atto, dev'essere quale la natura dell'atto lo esige, vale a dire rispondente allo scopo; il vocabolo o nome, che è lo strumento di cui ci serviamo per istruirci a vicenda, deve obbedire anch'esso a questa legge, dev'essere adatto al suo scopo, che è quello di metterci in grado di distinguer bene l'un oggetto dall'altro; ed affinchè sia tale, occorre che non venga abbandonato al capriccio d'ognuno, ma fatto da chi sa farlo, cioè da chi sa intuire l'idea dell'oggetto e darle un'espressione adeguata per mezzo di lettere e sillabe. E questi sarà il legislatore del linguaggio, il quale o dev'essere egli stesso un dialettico, uno, cioè, capace di ragionare per via di domande e risposte; o lasciarsi guidare da un dialettico, giacchè chi può riconoscere se uno strumento è fatto bene o male, non è chi materialmente lo costruisce, ma chi possiede l'arte d'adoperarlo (IV-X).

Ciò posto, bisogna indagare in che consista codesta giustezza de' nomi. Ermógene lo desidera, ma non sa come riuscirvi; onde Socrate gli consiglia di chiederne norma ed esempî ai sofisti, in particolare a Protágora. Ma dal momento che l'amico dichiara di non avere alcuna intenzione di ricorrere ad un maestro del quale non si fida, Socrate lo rimanda ai poeti, specie ad Omero che, distinguendo in più occasioni i nomi differenti che alle medesime cose danno gli dei e gli uomini, mostra chiaro di ritenere che i nomi possano essere più o meno giusti; e più giusti, vale a dire più conformi alla natura delle cose, è da credere sieno quelli adoperati dagli dei. Senonchè indagarne le ragioni non è punto facile per un uomo; sicchè egli crede di doversi restringere a qualche esempio di origine diversa; e si ferma dapprima su' nomi dati al figliuolo di Ettore, che — dice lui — gli uomini chiamavano Astianatte e le donne Scamandrio; e nel corso della sua spiegazione, a proposito delle voci ἄναξ ed ἕκτωρ che, pur significando lo stesso, non hanno nessuna lettera in comune; osserva come il fatto che le stesse cose abbiano talvolta nomi composti di lettere differenti non infirma la dottrina che i nomi esprimono la natura degli oggetti, giacchè a ciò basta che voci anche in apparenza diverse esprimano comunque codesta natura; del che gli adduce ad esempio parecchi nomi proprî, quali Ἀρχέπολις, Ἇγις, Πολέμαρχος, Εὐπόλεμος, ecc. Al contrario, è perfettamente comprensibile che nomi diversi si dieno ad esseri di natura diversa, sebbene generati l'uno dall'altro; e movendo da questo principio, cerca giustificare la convenienza di molti nomi proprî d'eroi, come quelli d' Ὀρέστης, d' Ἀγαμέμνων, d' Ἀτρεύς, nonchè di Πέλοψ e de' costui progenitori fin su a Κρόνος e ad Οὐρανός (XI-XIV).

Alla meraviglia che Ermógene mostra dinanzi alla foga improvvisatrice di Socrate, il quale ha l'aria di parlare come uomo in preda ad una ispirazione divina, Socrate risponde che probabilmente ne va debitore ad Eutífrone di Prospalta, con cui poco prima aveva avuto occasione di trattenersi a lungo. Egli però non è sicuro di coglier sempre nel segno e non incorrere in qualche involontario peccato; ma ciò nonostante seguiterà per la stessa via salvo a cercar in seguito un sacerdote o un sofista che ne lo purifichi e lo assolva. Ritiene per altro che sia miglior partito lasciar da banda i nomi proprî di uomini e d'eroi, nell'apposizione dei quali non di rado prevalgono motivi estranei, per volgersi ad esaminare i nomi di quegli enti che hanno carattere costante ed immutabile, giacchè è verosimile pensare che nel denominarli il legislatore abbia proceduto con la cura più scrupolosa. Onde propone via via le etimologie delle voci θεοί, δαίμονες, ἥρωες; e, fatta precedere l'osservazione che nel derivare i nomi l'uno dall'altro, spesso bisogna o introdurre nuove lettere o levarne e mutar di posto gli accenti, si trattiene più a lungo sull'origine del nome ἄνθρωπος, donde è tratto naturalmente a proporre l'etimologia di ψυχή e di σῶμα (XV-XVII).

Invitato quindi da Ermógene a discorrer de' nomi degli dei, come aveva già fatto per quello di Zeus, e premuroso di mettere a posto la propria coscienza, si sente in obbligo di confessare che l'uomo non sa nulla nè degli dei nè dei loro nomi, sicchè il meglio sarebbe contentarsi d'invocarli com'è abitudine che s'invochino nelle preghiere.

Pure, volendo far piacere all'amico, egli procederà a quest'esame, ma cominciando però dal protestare agli dei che non si propone di esaminarli nel loro essere, ma soltanto d'indovinare possibilmente quale opinione gli uomini si fossero fatta di loro. E così passa a rassegna prima i nomi delle maggiori divinità per finire con quella del dio Pan — che non è tra le maggiori, ma gli porge l'occasione d'accennare a un più alto concetto e lanciare intanto una frecciata contro i poeti drammatici — e, in seguito, quelli del sole, della luna, de' mesi, degli astri; e, sorvolando sui vocaboli πῦρ e ὕδωρ, che gli paiono d'origine straniera; s'ingegna di spiegare l'etimologia di ἀήρ, αἰθήρ, γῆ, ὧραι, ἐνιαυτός ed ἔτος (XVIII-XXV).

Da questo gruppo di voci, concernenti la natura divina o fisica, Socrate, sempre sollecitato da Ermógene, passa a nomi indicanti azioni o conoscenze umane. E qui, con intenzione evidentemente ironica, ribadisce un rilievo già fatto a proposito di alcuni nomi divini: che, cioè, gli antichissimi uomini che assegnarono i nomi agli oggetti dovettero sentirsi come presi da vertigine; e, attribuendo alla natura delle cose quella che era la disposizione del loro spirito, immaginarsi che tutto intorno a loro si movesse e fluisse. E questo Socrate lo prova mediante una lunga sequela di vocaboli da φρόνησις a θηλή, la massima parte de' quali egli spiega con la dottrina del moto propugnata da Eraclito. Notevole in questo esame è la digressione a proposito del vocabolo δικαιοσύνη, di cui il filosofo assicura di non esser riuscito ad apprendere l'intimo valore nonostante tutte le sue insistenze presso coloro da' quali credeva di poter ottenere una risposta sodisfacente (XXVI-XXVIII).

L'etimologia di τέχνη, che suscita l'incredula meraviglia d'Ermógene, induce Socrate ad una doppia avvertenza; la prima, che è una riconferma di ciò che aveva notato già in precedenza circa le molteplici alterazioni subite dal linguaggio nel corso dei secoli e la conseguente libertà che non si può negare all'etimologo nel supporre e indovinare cosiffatte alterazioni; la seconda, che questa libertà non debba degenerare in licenza, del che egli vuole che Ermógene si faccia custode. E seguita ad investigare a suo modo le etimologie d'un'altra serie di vocaboli, da μηχανή ad ὄν e οὐσία, anch'essi denotanti quasi esclusivamente atti conoscitivi o pratici dell'uomo; e anche qui, come ne' casi già esaminati, riconosce la prevalente infiuenza del medesimo pensiero eracliteo (XXVIII-XXXIII).

Ermógene, dopo d'avere attestato la sua ammirazione a Socrate per l'analisi fatta de' nomi precedenti, gli rivolge una nuova domanda, con la quale, senza sospettarlo, lo avvia verso il punto più arduo della ricerca. Socrate per spiegare i nomi, che via via gli erano occorsi alla mente, s'era valso di talune voci di cui non aveva dato ragione. Di questi vocaboli, che possono dirsi primitivi rispetto agli altri che di essi risultano composti, si può intendere e saggiare la giustezza? Si può e si deve — risponde Socrate — e il modo non può non essere quel medesimo seguito nelle etimologie precedenti, con questo divario però: che, se lì s'è tenuto conto di codesti vocaboli primi, che fungevano da elementi rispetto ai posteriori e composti; qui bisogna rendersi conto del modo onde gli antichissimi uomini s'ingegnarono di riprodurre verbalmente le loro impressioni e i loro concetti, e guardare al valore degli elementi vocali, cioè delle lettere e delle sillabe, di cui si giovarono a tale scopo. E con una mirabile analisi delle lettere dell'alfabeto, dimostra come chi pose 'i primi nomi alle cose avesse adoperato l'α e l'η per esprimere il concetto di grandezza e d'estensione; l'ι quello dell'andare e del penetrare; l'o quello della rotondità; il σ, lo ξ, il ψ, il φ quello dello scuotere; il ν quello dell'interiorità; il δ, il τ, il γ quello dell'impedire, del procedere rattenuto, dell'invischiare. « In questa analisi — osserva il Bonghi (1) — sono ancora a notare alcune osservazioni. Il modo tenuto sin allora da Socrate per rendersi ragione di vocaboli ultimi, era stato quello di supporli proprii di una lingua forestiera. Qui chiama questo un sotterfugio; e chiama altresì tale quello a cui è parso accennare

---

(1) Nel *Proemio* alla versione del ' C r á t i l o ' (Roma, 1885), p. 31 sg.

più su (397), che, cioè, il linguaggio avesse origine divina; o piuttosto, l'avessero i vocaboli indicanti oggetti eterni e perciò stessero bene. E crede altresì un sotterfugio il pretendere che per essere i primi nomi i più antichi, non se ne possa fare oggetto di studio, giacchè sieno diventati irreconoscibili. Il che equivale a dire che a Platone la quistione dell'origine del linguaggio — ovvero delle cause del significato dei suoni — non pare insolubile; e che la creazione di esso non solo non trascende l'uomo, ma ogni lingua possa avere in sè stessa tutte le sue ragioni. » (XXXIII-XXXVII).

Quando Socrate giunge al termine della sua esposizione, Ermógene invita Crátilo a manifestare nettamente il suo pensiero: approva, o no, la dottrina di Socrate? crede di dovervi aggiungere o modificarne qualche parte? Crátilo non ha da aggiunger nulla; e se ne scusa non solo con la difficoltà dell'argomento, ma anche col rilevare che Socrate con gli esempî addotti ha confermato la dottrina di Eraclito che è poi la sua. Però se è contento Crátilo, non è contento Socrate, che non si fida punto di quella sapienza improvvisa di cui ha fatto sfoggio, e vuol tornare sulle cose dette. La giustezza del nome s'è convenuto consistere nel mostrare quali le cose sieno, e fin dal principio il nome fu chiamato strumento d'istruzione. Esso ha dunque lo scopo d'insegnare, e l'apporre i nomi è un'arte di cui i legislatori sono gli artefici. Ora i legislatori, come tutti gli altri artefici, possono essere anch'essi più o men buoni e far leggi più o men giuste e porre nomi più o men rispondenti alla natura delle cose. Ma Crátilo, che da principio assente, si ribella all'ultima conclusione; per lui nomi e leggi son sempre giusti: un nome mal messo non è addirittura un nome. Sicchè Socrate, fattogli notare che quest'affermazione non è che un corollario del principio sofistico che il falso non si può dire, perchè chi dice qualche cosa dice sempre cosa che è; gli prova che l'affermazione sua non regge; che i nomi sono immagini, e come tali, riproducono più o men bene gli oggetti; ma se il tipo fondamentale della cosa rimane nel vocabolo, questo non perde la sua attitudine ad indicarla. Crátilo è obbligato ad ammetterlo; e allora Socrate gli chiede inoltre se gli paia in tutto esatto il modo mediante il quale, secondo lui, gli autori del linguaggio per via di taluni elementi, stimati caratteristici di certe qualità ed azioni, avevano cercato di riprodurre i primi vocaboli; e alla risposta affermativa di lui replica provandogli che non sempre è così, perchè accade che elementi dissimili sieno talvolta impiegati a significare la stessa cosa, e ciò nonostante il vocabolo s'intende alla prima ed egualmente da tutti. Vinto dall'evidenza dei fatti, Crátilo si lascia sfuggire la confessione che ciò avviene per effetto di abitudine. Della qual confessione Socrate profitta per fargli osservare che abitudine ed accordo o patto equivalgono in fondo allo stesso, e ciò senza dire che per qualche serie di vocaboli, come i numerali, non è possibile trovare nessuna somiglianza tra il nome e le lettere adoperate ad indicarli. In questo modo il principio enunciato da Ermógene e contro cui pareva, ed era stata difatti, rivolta tutta l'argomentazione e l'esemplificazione socratica, riprende inaspettatamente posto nella formazione delle parole (XXXVIII-XLI).

Rimane ancora da chiarire un punto. S'è affermato e ripetuto che ufficio de' vocaboli è d'insegnare; ma — domanda Socrate — d'insegnare che cosa? A distinguer l'un oggetto dall'altro, com'egli stesso aveva accennato da principio, o ad indagare e conoscere la natura di ciascun oggetto? Crátilo risponde non soltanto che i nomi adempiono appunto questo secondo ufficio, ma sono il migliore, anzi l'unico mezzo per conseguire la conoscenza delle cose. Senonchè Socrate glielo contrasta, e con due ragioni. La prima è che i nomi non esprimono la natura, l'essere delle cose, ma il concetto che di ciascuna cosa s'è formato chi le ha attribuito il nome; e questo concetto può ben essere falso. Nè è punto valida la difesa che della propria asserzione tenta Crátilo, il quale nella coerenza d'origine in tutta una lunga serie di nomi s'illude di veder la riprova che il nomenclatore non si sia ingannato nell'apporli, perchè — argomenta sempre Socrate — ammesso lo sbaglio di lui in un voca-

bolo fondamentale, non è meraviglia ch'esso poi si ri-
fletta in tutti gli altri che ne derivano o comunque vi
si connettono. Ma è poi reale questa coerenza su cui
Crátilo fa assegnamento? Socrate gli prova che non è,
perchè in molti vocaboli, non escluso qualcuno di quelli
già esaminati, lungi dal prevalere il concetto di moto,
prevale quello di quiete, oltrechè ve n'è parecchi espressivi di cose bruttissime, che pel significato, se intesi come
aventi a base lo stesso concetto di moto, risulterebbero
non diversi da altri espressivi di cose bellissime. Nè
infine sarebbe da persona ragionevole sostenere che veri
sieno i nomi ne' quali prevale questo concetto e falsi
gli altri solo perchè i primi, se mai, sono più numerosi
dei secondi. L'altra ragione, anche più grave, è questa:
ove s'ammetta che i nomi sieno l'unico mezzo per conoscere la natura delle cose, colui che primo li impose,
non potendo valersi di questo mezzo, dovette necessariamente procedere a caso, da persona che ignorava la
natura delle cose. Crátilo, messo in tal modo alle strette,
crede di cavarsela, dichiarando che forse l'apposizione
de' primi nomi è dovuta ad un potere divino. Ma — gli
obietta Socrate — la divinità sarebbe stata così poco
intelligente da non saper decidere tra' due concetti opposti
e mettersi in contradizione con se stessa? Cosicchè, se
il modo indicato da Crátilo come atto a farci conoscere
la natura delle cose, è fallace, bisogna cercarne un altro;
e questo non può essere se non l'osservazione diretta
delle cose in sè — cioè nelle idee — e ne' loro mutui
rapporti, giacchè se, come s'è visto, i vocaboli sono immagini e le immagini sono necessariamente diverse dal-
l'originale e quindi imperfette, il mezzo d'apprendere,
vagheggiato da Crátilo, sarebbe perciò stesso un mezzo
imperfetto e disadatto a darci la conoscenza obiettiva
degli enti. Cosicchè, anche ammesso che la maggior
parte de' nomi ci presenti la natura delle cose come consi-
stente nel moto — e questo pare che Socrate non intenda
negarlo — ciò è da spiegare probabilmente col fatto, già
accennato in precedenza, che i primi uomini, presi come
da vertigine di fronte al grave problema, attribuirono alle
cose quella condizione di flusso e di moto, che era propria

della loro mente; e così ingannarono se stessi e traggono in inganno anche noi. Ora, in natura non tutto è moto; ci sono — e Crátilo ne conviene — essenze assolute ed immutabili, le quali se non ci fossero, non ci sarebbe nemmeno la conoscenza. Sicchè, insomma, Socrate conclude di non aver la pretesa d'asserire che le cose stieno come ritiene lui e non piuttosto comè suppone Eraclito; ma esorta Crátilo a rifletterci su bene e non affidarsi con troppa leggerezza a' nomi. Il che Crátilo promette, sebbene soggiunga che, avendoci pensato anche prima, inclini a credere che la ragione stia dalla parte d'Eraclito.

Il ' Crátilo ' è forse tra' dialoghi platonici quello che ha dato più filo da torcere a' dotti che se ne sono occupati, tanto da parere a qualcuno addirittura un enigma. Lo scopo del dialogo, la connessione tra le sue parti, la ragione per la quale Platone v'abbia accumulato un così gran numero d'etimologie, il valore di queste e la maggiore o minor serietà con cui le ha proposte, i filosofi ch'ebbe in animo di colpire e qualche contradizione nel corso del ragionamento sono altrettanti problemi di cui filologi, filosofi e glottologi valentissimi hanno lungamente discusso ed a cui hanno variamente risposto. E i più, compreso il Bonghi che al Crátilo dedicò pagine piene d'acume e di dottrina, pur divergendo in alcuni punti secondarî hanno in sostanza creduto di vedervi il pensiero platonico sull'origine e sulla formazione del linguaggio. Qualcuno, è vero, aveva notato l'affinità di questo dialogo con l'Eutidemo, e accennato che l'intento di esso bisognasse cercarlo nell'ultima parte, nella conversazione di Socrate con Crátilo e nell'importanza che il linguaggio ha rispetto alla cognizione. Ma nessuno, s'io non erro, era riuscito a dimostrarlo, perchè nessuno era riuscito a chiarir bene l'intimo legame tra la lunga sfilata d'etimologie e il problema trattato in fine, e come, per così dire, tutto il peso di quella gran massa d'esempî gravitasse verso l'ultima parte, che ai più era parsa accessoria. Ora, il merito d'averlo visto e chiarito assai bene spetta, mi pare, indiscutibilmente al nostro Carlo Giussani. Questo dotto, fin dal 1896, in un eccellente studio, dal titolo: La questione del linguaggio secondo Platone e secondo Epicuro (1), pose in evidenza che, se è vero che il 'Crátilo' contiene una teoria platonica del linguaggio, il fine però e il concetto essenziale del dialogo non è già l'esporre codesta teoria, bensì il dimostrare che l'indagine della primitiva significazione delle parole non conduce alla spiegazione delle cose, cosicchè si dovesse concluderne che « il fine supremo e l'unità del dialogo » è appunto nell'ultima parte di esso. « L'intento di Platone » — egli dice — « non è già di dare la teoria o il concetto del giusto linguaggio, ma di confutare la sentenza che 'il linguaggio sia il mezzo o un mezzo d'insegnare la natura delle cose' come sostenevano de' sofisti, e come afferma Cratilo (2), il quale dice espressamente (436) che i nomi sono 'non solo il migliore, ma il solo mezzo che conduca alla conoscenza delle cose'. Confutare questa sentenza di Cratilo è lo scopo del Cratilo. Cratilo è il vero avversario di Socrate — ed è per questo che da Cratilo s'intitola il dialogo, sebbene la conversazione con Cratilo non occupi che una ben piccola parte dello scritto, e molto più lunga sia la conversazione con Ermogene. Il Cratilo è una specie di complemento del Teeteto. In che sta la cognizione? Questo è l'argomento del Teeteto; e vi si risponde, solo negativamente, che la cognizione non sta nè nella sensazione, nè nella opinione, nè nella opinione giusta, nè nella opinione giusta e provata; per lasciar indirettamente intendere che la cognizione sta nella visione delle idee... Or dunque, siccome c'era

---

(1) Inserito nel vol. XX [XI della TS.] delle Memorie del R. Istituto Lombardo di Scienze e Lettere (Milano, 1899), p. 103 sgg. E mi riesce particolarmente grato che il caso m'offra l'opportunità d'unire, in un attestato d'omaggio, al nome del D'Ovidio quello del Giussani, che al D'Ovidio fu legato di costante ed affettuosa amicizia.

(2) Questa opinione pare risalisse addirittura ad Eraclito; cfr. BONGHI, *Proemio*, p. 139 sgg. Ma doveva esser diffusa anche fuori della scuola eraclitea. Di Antistene, al quale anche qui come nell'' Eutidemo ' e altrove, mira probabilmente Platone, si ricorda la sentenza: « Principio di cultura è l'indagine delle parole »; cfr. GOMPERZ, *Penseurs de la Grèce*. Trad. Reymond (Lausanne, 1905) II p. 588. [E. M.]

anche codesta opinione che la cognizione delle cose stesse nella intelligenza dei nomi delle cose, perciò — o preliminarmente per sbarazzare il terreno di questa opinione, accessoria e di carattere meno filosofico; oppure come complemento al Teeteto (e ciò mi par più probabile, sia per lo sviluppo del dialogo, sia perchè l'opinione di Protagora v'è brevemente toccata e messa da banda, come cosa già giudicata, sia perchè la teoria delle idee, come fonte vera della cognizione v'è più d'una volta espressamente manifestata) — perciò Platone scrisse il Cratilo, il cui concetto fondamentale è: la cognizione vien dalle idee, non dalle parole. » (1).

Il merito grande del Giussani consiste nell'aver saputo, seguendo passo passo, e con un'analisi piena di finezza e di misura, le moltissime e svariate etimologie accumulate nel ' Crátilo ', trarne fuori il proposito di Platone, dissimulato e velato dalla consueta ironia socratica, di battere in breccia fin dall'inizio della conversazione il principio, propugnato da Crátilo, che i nomi potessero servire alla cognizione sicura degli enti. Sotto questo riguardo — egli nota — è particolarmente istruttiva la lunga serie di etimologie eraclitee perchè « vuol dire che principalissimo, e più filosofico, argomento per Platone contro chi vuol cavar cognizione dalla parola è che la maggior parte del linguaggio si fonda sul concetto il più opposto al vero circa l'essenza delle cose, sulla confusione tra ciò che in esse è parvenza con ciò che è essenza (2)... Ma la vetta dell'ironia è toccata colla etimologia di ὄνομα (421). La proposizione τὸ ὂν οὗ μάσμα ἐστί si contrae e fonde nel nome ὄνομα; ossia la nozione intima del vocabolo n o m e è che nel nome è la ricerca dell'essere: proprio la tesi di Cratilo, alla cui demolizione

---

(1) GIUSSANI, op. cit. p. 105 [3 dell'estratto] sg. — Il Gomperz (*Penseurs* ecc., II p. 587), che crede il ' Crátilo ' anteriore al ' Teeteto ' perchè vi si trova espressa, senz'alcuna restrizione o allusione alle obiezioni formulate nel ' Teeteto ', la teoria che spiega l'errore mediante la confusione e la sostituzione; poco esattamente, mi pare, afferma (p. 589 in nota) che il Giussani non si pronunzî sulla precedenza dell'uno o dell'altro dialogo.

(2) GIUSSANI, op. cit. p. 114 [12].

tutto il Cratilo è inteso. » (1). Perfino certe divagazioni di carattere filosofico a proposito dei nomi Estia, Ades, Pan contribuiscono a gittar luce sul pensiero e sul proposito fondamentale del filosofo. «E che significano» — si domanda il Giussani — « questi momentanei voli in regione più alta? Significano che in mezzo al multiforme gioco dell'uman pensiero, creante nomi mediante nozioni côlte negli oggetti dietro le più varie ispirazioni o impressioni soggettive, e in mezzo alle modificazioni che il tempo fa subire alle parole così create, velando e rendendo incerte pur quelle nozioni, risultano talora, per felice combinazione, anche vocaboli tali che sono o sembrano collegati con nozioni adombranti qualche cosa di più intimamente vero e rispondente alla vera essenza delle cose. Sono vocaboli belli, ma che solo sa interpretare chi già è in possesso di quelle nozioni più vere; sono vocaboli belli, come son belli i miti con cui il sapiente raffigura talvolta i più alti concetti. E per questa lor condizione, e per esser così pochi, non fanno che far sentir tanto più quanto diversa cosa sieno i vocaboli e le cognizioni. » (2).

Così tutta l'esposizione della teoria platonica, convalidata con tanti esempî, circa la formazione naturale del linguaggio, nel senso che un intimo legame tra il nome e il nominato non manchi o non mancasse in origine, mira soprattutto a far rilevare che l'indagine etimologica per più ragioni è spesso molto incerta; che i mezzi di cui in origine disponevano i nomenclatori per riprodurre la natura degli oggetti, erano di gran lunga inadeguati allo scopo; che le designazioni qualificative di codesti oggetti non possono esprimere tutt'al più se non il concetto che il nomenclatore si faceva delle cose, e che se i nomi, principalmente in forza di quel tale accordo voluto da Ermógene, adempiono l'ufficio pratico di permetterci di comunicare ed intenderci gli uni con gli altri, non servono punto ad istruirci sulla natura obiettiva delle cose.

____

(1) Op. cit. p. 117 [15].
(2) Op. cit. p. 115 [13] sg.

Ma le etimologie, di cui s'è così a lungo discusso, sono da intendere come proposte seriamente, o sono uno scherzo, una caricatura de' sofisti etimologizzanti? Il Giussani crede, ed a ragione, mi pare, che Platone volle fare della etimologia sul serio, pure ammettendo che tra le molte derivazioni che dovevano sembrargli giuste, ne abbia frammischiato, e parecchie, di quelle che a lui stesso non potevano sembrar tali, e soprattutto che abbia dato quasi sempre alle sue parole un tono scherzoso ed ironico. Senonchè lo scherzo e l'ironia non sono diretti nè contro le etimologie proposte, nè contro l'etimologizzare in genere che Platone non aveva alcun interesse di discreditare, tanto più ch'egli stesso altrove, e dove non può sospettarsi che parli da celia, non etimologizza diversamente; ma contro l'eccessiva fiducia con cui si spacciavano e si accettavano come scienza sicura e sicuro fondamento di dottrine filosofiche. E si può, credo, aggiungere che Socrate, così per abitudine proclive allo scherzo ed all'ironia anche nel trattare talvolta argomenti serî, doveva sentirsi anche più facilmente inclinato a ricorrervi in questa occasione, in cui, com'egli dice, si rivestiva della pelle del leone e snocciolava con tanta foga ed in tanta copia delle etimologie che, quand'anche gli paressero accettabili e probabili, si fondavano su una esaltazione ed ispirazione momentanea, e non erano razionalmente dedotte in modo da riuscirgli inconfutabili.

Intesa dunque, come la intese il Giussani, tutta la parte dedicata nel 'Crátilo' alla teoria del linguaggio e alle ricerche etimologiche prepara assai abilmente la discussione filosofica con Crátilo e la confutazione diretta di costui e della dottrina ch'egli propugnava. Nella quale ultima parte del dialogo l'ironia ben più pungente che colpisce Crátilo, costretto a contradirsi più volte in maniera puerile ne' suoi tentativi di respingere l'attacco del suo contradittore, dimostra anch'essa che Crátilo è il vero avversario di Socrate.

Ed ora qualche parola intorno alle persone tra le quali si svolge la conversazione. Socrate ci si presenta anche qui naturalmente con quei tratti che sono caratteristici di lui secondo Platone. Comincia dal protestare di non sapere, dichiara di volersi mettere a scuola da Crátilo, e finisce per dominare la discussione ed insegnare al maestro. — Ermógene era il poverissimo fratello del ricchissimo e prodigo Cállia d'Ipponico, col quale probabilmente non andava troppo d'accordo, specie nell'ammirazione pe' sofisti e per Protágora. Per quali casi si trovasse o fosse caduto in tanta povertà, non c'è dato sapere. Dall'accenno ch'egli fa in questo dialogo (cap. IV) a' molti cattivi che aveva avuto occasione di avvicinare e da una sua dichiarazione nel 'C o n v i t o ' di Senofonte (III 14; IV 46 sgg.) da cui si desume che non aveva fiducia se non negli dei, parrebbe ch'egli fosse stato vittima della malvagità di quelli che gli si davano per amici. E da questo, come da altri particolari che di lui ci riferisce lo stesso Senofonte (*Memor.* II 10, 3; IV 8, 4 sgg. e *Apol.* 2 sgg.) si rileva che fu d'animo semplice e buono, amantissimo del maestro — alla cui morte si trovò anche presente — ma d'ingegno modesto e incapace d'intendere il contegno di Socrate di fronte a' suoi accusatori. Negli studî non era che un dilettante; e, come tale, alle ricerche filosofiche tratto soltanto da quell'interesse ch'era allora di moda tra' giovani soprattutto di quell'alta classe sociale, alla quale anch'egli apparteneva. Nè diverso è il concetto che ce ne offre Platone in questa disputa, nella quale egli non rappresenta che « il buon senso superficiale »; e pur dichiarandosi convinto che i nomi sono il risultato d'un accordo tra' parlanti, si rassegna modestamente alla confutazione che ne fa Socrate e si mostra insomma un interlocutore « che Socrate può facilmente condurre a sua posta ». — Di Crátilo infine Aristotele (*Met.* I 6, 987 *a*; III 5, 1010 *a*) ci attesta che iniziò il giovane Platone alla conoscenza della dottrina eraclitea e che nell'interpretazione di essa finì per esagerare a tal segno da volere che non s'aprisse bocca, onde moveva solamente il dito; e, mentre Eraclito affermava che nello stesso fiume non si potesse entrare due volte, egli pretendeva che non ci si potesse entrare nemmeno una. Dal nostro dialogo è facile dedurre che Platone non dovette conservare un ricordo troppo favorevole dell'originalità e del valore del maestro, se fa che Socrate lo tratti con così pochi riguardi, senza ch'egli nella sua pedantesca vanità s'accorga mai dell'amara ironia di cui è fatto bersaglio.

"CRATILO„ [1]

Ermogene, Cratilo, Socrate.

I. — *Er.* Ebbene, vuoi che mettiamo anche Socrate qui a parte della nostra discussione?   St. I.
 p. 383
 Crá. Se ti pare.

 Er. Crátilo qui, Socrate, afferma che ciascun essere ha il nome che per natura giustamente gli s'addice; e nome non è quello con cui taluni, accordatisi tra loro a chiamarlo, lo chiamino, emettendo una particella della propria voce; ma che una certa giustezza de' nomi ci sia da natura per gli Elleni come pe' barbari, e la stessa in tutti. Ora, io gli domando se il nome che propriamente s'addice a lui sia Crátilo [o no]; ed egli ne conviene. — E a Socrate?, ho detto. — Socrate, mi ha risposto. — Cosicchè, < ho soggiunto >, anche per gli altri uomini tutti il nome con cui chiamiamo ciascuno, questo è il nome che a ciascuno s'addice? — Ed egli: Questo poi no; il nome, per esempio, che s'addice a te, non è Ermógene, neanche se tutti gli uomini ti chiamino così. — E quando io gliene chiedo e procuro d'intendere che mai voglia dire, non si   384
spiega per nulla e si prende gioco di me, dandosi l'aria d'avere entro di sè la sua idea come uno che ne sappia

━━━━━━━━━

(1) Dal testo di Burnet, t. I (Oxford, 1905).

tanto che, se volesse parlar chiaro, costringerebbe anche me a convenirne e dire quel che dice lui. Se dunque tu puoi cogliere il senso del responso di Crátilo, sarei lieto d'udirlo; ma sarei anche più lieto di sentire da te, se ti piace, che opinione tu abbia sulla giustezza de' nomi.

So. O figliuolo d'Ipponico Ermógene, è un vecchio adagio che le cose belle son difficili ad intendere come stieno (1); e questa de' nomi non è certo dottrina che s'intenda facilmente. Ora, s'io avessi già sentito da Pródico il corso da cinquanta dracme — che chi l'ha sentito può farla in ciò da maestro, come Pródico afferma — nulla vieterebbe che in quattr'e quattr'otto tu sapessi la verità circa la giustezza de' nomi. Ma, purtroppo, io non ho seguito se non il corso d'una dracma, sicchè non so come stia la verità su questo argomento (2); però son pronto a farne ricerca in comune con te e con Crátilo. Quanto poi all'affermazione: che a te per verità non s'addica il nome d'Ermógene, io sospetto ch'e' voglia scherzare, poichè forse crede che tu vada sempre a caccia di danaro senza mai riuscire ad averne (3). Senonchè, come or ora dicevo, saper queste cose è difficile; e bisogna che noi, accomunate le nostre forze, indaghiamo se è come dici tu o come dice Crátilo.

II. — *Er.* In verità, Socrate, quanto a me, sebbene io ne abbia ragionato spesso e con costui e con altri molti, pure non riesco a persuadermi che ci sia pe' nomi altra norma all'infuori del patto e del consenso.

---

(1) Al proverbio greco: le cose belle sono difficili, che Socrate in più occasioni ricorda, qui è data una forma più larga.

(2) Da questo luogo risulta che Pródico nelle sue lezioni trattava anche del fondamento della significazione de' nomi, oltrechè della sinonimia, di cui s'occupava in modo speciale. E forse appunto dallo studio dei sinonimi egli era tratto ad investigare l'origine e la significazione precisa dei vocaboli.

(3) Del nome Ermógene, che vuol dire ' figlio di Ermes ', il dio del guadagno, Socrate dà qui una spiegazione scherzosa. Un'altra sarà data in seguito dallo stesso Ermógene. — Su lui cfr. l' ' Argomento ' del dialogo, in fine.

Infatti a me pare che quel qualsiasi nome che uno ponga ad una cosa, questo sia il suo nome giusto; e che se uno, daccapo, glielo muti in un altro e non la chiami più con quello, il secondo non le si addica punto meno del primo, come noi mutiamo nome a' servi [senza che per questo il secondo nome s'addica loro punto meno del primo]. Perchè, credo, non c'è nessuna cosa che abbia nessun nome da natura, ma dalla legge e dalla consuetudine di coloro che, per essercisi assuefatti, la chiamano a quel modo. Se però non è così, io, per me, son pronto ad imparare ed a sentire non solo da Crátilo, ma da chiunque altro.

So. È possibile, Ermógene, che qualche cosa tu 385 la dica; però, esaminiamo. Tu affermi che il nome che uno dà a ciascun oggetto, questo è il suo nome?

Er. A me almeno così pare.

So. Tanto se glielo dia un privato, quanto una città?

Er. Precisamente.

So. Oh che? s'io chiamo con un certo nome una qualche cosa; se, per esempio, quello che ora chiamiamo uomo, io lo chiamo cavallo, e quello che ora cavallo, uomo; avrà esso pubblicamente nome uomo e privatamente cavallo? e, viceversa, privatamente uomo, pubblicamente cavallo? È questo ciò che dici?

Er. A me così pare.

III. — *So.* Orsù, dimmi anche questo: c'è qualcosa che tu chiami d i r v e r o e d i r f a l s o?

Er. Io sì.

So. Sicchè può esserci un discorso vero e un discorso falso?

Er. Senza dubbio.

So. E vero non sarà quello che dica le cose come sono, falso quel che le dice come non sono?

Er. Sì.

So. È dunque possibile dire col discorso e le cose che sono e quelle che non sono?

Er. Senza dubbio.

So. E il discorso, quello vero, è tutto vero, e le sue parti non vere?

Er. Oh! no, ma vere anche le parti.

So. Ma vere forse le parti grandi, e non le piccole, o vere tutte?

Er. Tutte, a parer mio.

So. E puoi tu dire qualche parte del discorso più piccola del nome?

Er. No, ma è questa la più piccola di tutte.

So. Sicchè anche questo < il nome, cioè, che è parte > del discorso vero si dice?

Er. Sì.

So. Ed è vero, come tu affermi?

Er. Sì.

So. E la parte del discorso falso non è falsa?

Er. Certo.

So. Si può dunque dire un nome falso e un nome vero, se si può un discorso falso e un discorso vero?

Er. E come no?

So. Il nome dunque, che ciascuno dia ad un oggetto, questo è il nome di ciascun oggetto?

Er. Sì.

So. Ed anche quanti nomi uno dia a ciascun oggetto, tanti esso ne avrà? e durante il tempo in cui uno glieli dia?

Er. Sì, Socrate, perchè io, per me, non riconosco altra giustezza del nome fuori di questa: che sia lecito a me di chiamare ciascun oggetto con quel nome che a me sia piaciuto di dargli; lecito a te con quello che a te piaccia. E così anche nelle [singole] città vedo nomi da taluni per conto proprio posti alle medesime cose, tanto da Elleni diversamente da altri Elleni, quanto da Elleni diversamente da barbari.

IV. — *So.* Orsù, Ermógene, osserviamo se pare a te che anche per gli enti sia così: che l'essenza delle cose sia propria in particolare ad ognuno, come Prótagora pretendeva dicendo che « di tutte le cose misura » è l'uomo, sicchè quali le cose a me paiano, tali sieno a me, e quali a te, tali a te; o ti pare che esse abbiano alcunchè di saldo nel loro essere?

Er. Fu già un tempo, Socrate, che anch'io, vinto

dal dubbio, fui trascinato costà, a quello che Protágora dice. Tuttavia non mi pare che le cose stieno proprio così.

So. Oh che? ti lasciasti forse trascinare sino al punto da parerti addirittura che non ci fosse alcun uomo cattivo?

Er. Oh! no, per Zeus; questo l'ho sperimentato spesso a mie spese, così da parermi che uomini cattivi ce ne sieno, ed anche troppi.

So. Oh che? uomini in tutto buoni t'è parso che non ce ne sieno più?

Er. Sì, ma ben pochi.

So. Ad ogni modo t'è parso che ce ne sieno?

Er. Ne convengo.

So. Ebbene, come la intendi? non così forse: che i buoni in tutto sieno in tutto sapienti, e i cattivi in tutto, in tutto insipienti?

Er. A me così pare.

So. Or dunque, se Protágora diceva il vero, ed è questa la verità (1): che quali le cose paiano a ciascuno, tali anche sieno; è mai possibile che alcuni di noi sieno sapienti, ed altri insipienti?

Er. No, di certo.

So. E, com'io suppongo, sei tu anche convinto che, dal momento che c'è sapienza ed insipienza, non sia punto possibile che Protágora dica il vero, giacchè nessuno potrebb'esser punto più sapiente d'un altro, se quello che a ciascuno pare è per ciascuno il vero.

Er. Così è.

V. — *So.* Ma non sarai, suppongo, nemmen dell'avviso d'Eutidemo (2) che tutte le cose sieno per tutti insieme e sempre allo stesso modo; perchè in tal caso gli uomini non potrebbero neanche essere gli uni buoni, gli altri cattivi, se tutti e sempre avessero allo stesso modo virtù e vizio.

---

(1) 'Verità' era il titolo dell'opera di Protágora a cui Socrate allude e in cui questo sofista trattava egli pure quest'argomento della giustezza de' nomi.

(2) È il sofista da cui s'intitola un altro dei dialoghi platonici.

Er. È vero.

So. Cosicchè, se nè tutte le cose sono per tutti insieme e sempre allo stesso modo, nè ciascuna è propria e peculiare a ciascuno; è chiaro che le cose stesse posseggono un'essenza propria e salda, non essendo relative a noi nè da noi tratte su e giù secondo l'immagine che ce ne formiamo, ma esistono di per sè secondo la loro propria essenza come l'hanno avuta da natura.

Er. Così mi pare, Socrate.

So. E potrebbero le cose esser così da natura, ma i loro atti non esser poi allo stesso modo? o non son forse anche questi, gli atti, una tra le specie degli enti?

Er. Senza dubbio, anche questi.

So. E però anche gli atti si compiono in conformità della propria natura, non già in conformità del nostro arbitrio. Così, per esempio, se ci metteremo a tagliare un oggetto, dovremo tagliarlo come ci piace e con quello con cui ci piaccia di farlo? o, se, vorremo tagliarlo secondo la natura del tagliare e dell'esser tagliato e con quello con cui è naturale che si faccia; allora, sì, taglieremo e ne verremo a capo e faremo bene; ma se contro natura, sbaglieremo e non verremo a capo di nulla?

Er. Io così penso.

So. Dunque, anche se ci metteremo a bruciare qualche oggetto, non dovremo bruciarlo secondo una opinione qualsiasi, ma secondo l'opinione giusta? E questa è quella opinione, secondo la quale conviene che ciascun oggetto per sua natura sia bruciato e bruci, e con quel mezzo che la sua natura esige.

Er. Così è.

So. Ed è così anche delle altre cose?

Er. Certo.

VI. — *So.* Ebbene, il dire non è anch'esso un atto?

Er. Sì.

So. Ora, quando uno dica come a lui pare che si debba dire, così dicendo dirà egli bene? o soltanto quando dica così come la natura esige che le cose si dicano e sieno dette e con quello con cui occorre, allora egli verrà a capo di qualche cosa e parlerà; ma quando no, sbaglierà e non farà nulla?

Er. Mi pare che sia come dici tu.

So. Ora, una parte del dire è il nominare, se è vero che non si discorre altrimenti che per via di nomi.

Er. Certo.

So. Dunque anche il nominare è un atto, se anche il dire era un atto concernente le cose?

Er. Sì.

So. E c'è parso che gli atti non sieno già rispetto a noi, ma abbiano una loro propria natura?

Er. È vero.

So. Dunque anche le cose bisogna nominarle come la loro natura vuole che si nominino e sieno nominate e con quello con cui occorre, ma non come a noi piaccia, se il caso loro dev'esser punto consentaneo coi precedenti? E così verremmo a capo di qualche cosa e nomineremmo; altrimenti, no?

Er. Mi pare.

VII. — *So.* Suvvia, ciò che si dovesse tagliare, si dovrebbe, diciamo, tagliarlo con qualche cosa?

Er. Sì.

So. E ciò che tessere, tessere con qualche cosa? e ciò che forare, forare con qualche cosa?

Er. Senza dubbio.

So. E ciò che nominare, nominare con qualche cosa?

Er. Appunto.

388

So. Ora, che è quello con cui bisogna forare?

Er. Il succhiello.

So. E quello con cui tessere?

Er. La spola.

So. E quello con cui nominare?

Er. Il nome.

So. Bravo! Strumento è perciò anche il nome.

Er. Senza dubbio.

So. Se dunque io ti chiedessi: Che strumento è la spola? non quello con cui tessiamo?

Er. Sì.

So. E, tessendo, che cosa facciamo? Non distinguiamo forse la trama e gli stami confusi insieme?

Er. Sì.

So. Sicchè dirai lo stesso e del succhiello e degli altri strumenti?

Er. Sicuro.

So. E puoi dire altrettanto anche del nome? Nominando gli oggetti col nome che è strumento, che cosa facciamo?

Er. Non so dirlo.

So. Non c'insegniamo alcunchè a vicenda e distinguiamo le cose come sono?

Er. Precisamente.

VIII. — *So.* Il nome dunque è uno strumento atto ad insegnare e a farci discerner l'essenza, come la spola il tessuto.

Er. Sì.

So. E la spola è strumento da tessere?

Er. E come no?

So. Il tessitore dunque si servirà bene della spola, e bene vuol dire da tessitore; e chi è atto ad insegnare si servirà bene del nome, e bene vuol dire in modo da insegnare.

Er. Sì.

So. Ora, dell'opera di chi il tessitore si servirà bene, quando si serva della spola?

Er. Di quella del falegname.

So. Ma falegname è ognuno, o chi possiede l'arte?

Er. Chi possiede l'arte.

So. E dell'opera di chi si servirà bene il foratore, quando si serve del succhiello?

Er. Di quella del fabbro.

So. Ma fabbro è ognuno, o chi possiede l'arte?

Er. Chi possiede l'arte.

So. Sta bene. Ora, dell'opera di chi si servirà chi insegna, quando si serve del nome?

Er. Non so neppur questo.

So. E non sai neppur dire chi ci fornisce i nomi di cui ci serviamo?

Er. No davvero.

So. Ma non pare a te che sia la legge (1) quella che ce li fornisce?

Er. È probabile.

So. Chi dunque insegna si servirà dell'opera del legislatore, quando si serve del nome?

Er. Mi pare.

So. E legislatore pare a te che sia ognuno, o chi possiede l'arte?

Er. Chi possiede l'arte.

So. Non è dunque da ogni uomo, Ermógene, porre de' nomi, ma da chi sia artefice di nomi. E costui è, naturalmente, il legislatore, che tra gli uomini è il più raro degli artefici. 389

Er. Naturalmente.

IX. — *So.* Suvvia, osserva a che tien l'occhio il legislatore, quando pone i nomi alle cose; ed osservalo badando a ciò che s'è detto dianzi. A che tien l'occhio il falegname, quando costruisce la spola? Non forse a qualcosa di siffatto che sia per natura atto a tessere?

Er. Ma certo.

So. E che? se a lui, mentre la fa, gli si rompe la spola, ne farà daccapo un'altra tenendo l'occhio alla spola rotta, o a quella idea a cui mirando costruiva quella che gli s'era rotta?

Er. A quella idea, pare a me.

So. E questa idea non potremmo giustamente chiamarla ciò che è in sè spola?

Er. A me così pare.

So. Dunque, poichè bisogna costruire una spola atta a tessere un vestito o sottile o grosso, o di lino o di lana o di qualsiasi altra stoffa, bisogna che l'idea della spola l'abbiano tutte, ma alla spola si dia per ciascun lavoro quella natura che per ciascun lavoro sia la più bella < cioè la più adatta >?

Er. Sì.

---

(1) Non nel senso di legge scritta, ma, come spesso nel greco, in quello di costume e consuetudine.

So. E lo stesso si dica degli altri strumenti. Trovato lo strumento di sua natura adatto a ciascun lavoro, bisogna farlo di quella materia che risponde allo scopo, non già quale all'artefice piaccia, ma quale la natura lo esige. Un succhiello, di sua natura adatto a ciascun lavoro, bisogna, è ovvio, saperlo fare di ferro.

Er. Niun dubbio.

So. E la spola, di sua natura adatta a ciascun lavoro, di legno.

Er. Così è.

So. Perchè ciascuna spola è, pare, di sua natura adatta a ciascuna specie di tessuto; e gli altri strumenti del pari.

Er. Sì.

So. Cosicchè, mio ottimo Ermógene, anche il nome, che di sua natura s'addica a ciascun oggetto, quel legislatore deve saperlo porre ne' suoni e nelle sillabe; e, mirando a ciò che è in sè nome, creare e imporre tutti i nomi, se vuole essere un autorevole ponitore di nomi? E se non ogni legislatore lo pone nelle medesime sillabe, non è da sorprendersene, giacchè neanche ogni fabbro, pur facendo per lo stesso lavoro lo stesso strumento, lo costruisce dello stesso ferro; ma nondimeno, sempre che gli dia la stessa idea, anche se d'altro ferro, lo strumento starà bene lo stesso, così se lo faccia qui, come se tra barbari. Non ti pare?

Er. Senza dubbio.

So. Anche del legislatore dunque, così qui come tra' barbari, tu farai stima a questo modo: che fino a quando l'idea del nome, conveniente a ciascun oggetto, egli la renda in sillabe — e sieno queste quali si vogliano — il legislatore di qui non sarà punto peggior legislatore che quello di qualsiasi altro luogo?

Er. Senza dubbio.

X. — *So.* Orbene, chi è colui che saprà se in un certo legno si trovi l'idea conveniente alla spola? chi la fa, il falegname, o il tessitore che se ne servirà?

Er. Meglio, Socrate, chi se ne servirà.

So. E chi mai si servirà dell'opera del costruttore

di lire? Chi saprebbe nel miglior modo possibile soprintendere alla costruzione dell'oggetto, non saprebbe anche dell'oggetto costruito riconoscere se fu costruito bene o no?

Er. Senza dubbio.

So. E chi?

Er. Il citarista.

So. E chi dell'opera del costruttore di navi?

Er. Il nocchiero.

So. E chi poi nel miglior modo soprintenderebbe all'opera del legislatore e, compiuta, saprebbe giudicarne, e qui e tra' barbari? Non forse colui che se ne servirà?

Er. Sì.

So. Orbene, costui non è chi sappia interrogare?

Er. Certo.

So. E questo stesso saprà anche rispondere?

Er. Sì.

So. E colui che sappia interrogare e rispondere, lo chiamerai tu altrimenti che dialettico (1)?

Er. No, ma così.

So. Opera dunque del falegname è costruire un timone sotto la soprintendenza del nocchiero, se il timone dovrà esser bello < cioè adatto >.

Er. Pare.

So. Come del legislatore, s'io non erro, creare il nome, avendo per soprintendente un dialettico, se vorrà porre bene i nomi.

Er. È vero.

So. Rischia dunque, Ermógene, di non essere un compito dappoco, come tu credi, l'apposizione del nome, nè da uomini dappoco, nè de' primi venuti. E Crátilo dice la verità dicendo che i nomi le cose li hanno da natura, e non ognuno può essere artefice di nomi, ma soltanto colui che mira a quello che da natura è il nome di ciascun oggetto e può l'idea d'esso nome porla nelle lettere e nelle sillabe.

---

(1) Qui dialettico ha il significato elementare di persona che sa ragionar bene.

Er. Socrate, io non so come contrastare a quello che dici. Pure, così su due piedi, non è facile rimanerne persuasi; me ne persuaderei, credo, meglio se mi mostrassi quale tu affermi che sia da natura la giustezza del nome.

So. Mio buon Ermógene, io da me non sono davvero in grado d'indicarla. Tu hai dimenticato ciò che poc'anzi ho detto: che non sapevo nulla, ma avrei indagato con te. Ed ora, mentre stiamo indagando, a me e a te, contrariamente a quel che credevamo prima, ci par chiaro che il nome abbia da natura una certa giustezza e non sia da ogni uomo il sapere imporre [bene] il nome ad una qualsiasi cosa. O no?

Er. Certo.

XI. — *So.* Ebbene, dopo ciò si deve ricercare, se desideri saperlo, quale mai sia codesta sua giustezza.

Er. Ma sì che desidero saperlo.

So. Indaga dunque.

Er. E come indagare?

So. La più diritta via d'indagine è accompagnarsi con quelli che sanno, pagandoli e remunerandoli per giunta di gratitudine. E questi sono i sofisti, a' quali tuo fratello Cállia ha dato fior di quattrini, acquistandone fama di sapiente. Ma poichè a te dei beni paterni non avanza più nulla, devi insistere con tuo fratello e pregarlo che t'insegni su codesto punto quella norma di giustezza ch'egli imparò da Prótagora.

Er. Un'assurda preghiera, Socrate, sarebbe la mia se, mentre non ammetto punto la ' V e r i t à ' di Protágora, accogliessi volentieri, come di qualche valore, le cose esposte con una verità cosiffatta (1).

So. Ma se neppur questo ti sodisfa, bisogna che tu impari da Omero e dagli altri poeti.

---

(1) « Di qui appar chiaro che come Prodico, così Protagora dava corsi sull'origine del linguaggio e l'etimologia. Ma dalla risposta di Ermogene appare anche che il secondo ne scrivesse anche, e nell'opera sua intitolata *Verità*; poichè egli afferma che la sua dottrina si deducesse da quella generale che in questa *Verità* era esposta. Ora è facile intendere quale fosse. Poichè gli enti hanno quell'essenza che paiono a ciascuno d'avere, e cia-

Er. E che cosa, Socrate, dice Omero de' nomi, e dove?

So. In molti luoghi, ma tra questi i più notevoli e belli son quelli in cui, a proposito de' medesimi oggetti, distingue i nomi con cui li chiamano gli uomini e gli dei. O non credi ch'egli dica lì qualcosa di grande e mirabile sulla giustezza de' nomi? Giacchè evidentemente gli dei, quanto a giustezza, li chiamano con quei nomi che son tali da natura. O tu non credi?

Er. Lo so bene anch'io che, se li chiamano, li chiamano col nome giusto. Ma di quali tu vuoi parlare?

So. Non sai che del fiume lì nella Troade, di quello che duellò con Efesto, egli dice:

che Xanthos noman gl'iddii, ma i mortali Skamandros (1)?

Er. Io sì.

So. Ebbene, non credi tu che sia qualcosa di so- 392 lenne sapere perchè mai sia giusto chiamare quel fiume Ξάνθος anzichè Σκάμανδρος? E se vuoi, dell'uccello di cui dice che

chalkis lo chiaman gl'iddii, ma i mortali kymindis (2),

ti pare di poco interesse l'imparare quanto sia più giusto dare l'un nome piuttosto che l'altro al medesimo uccello? E lo stesso non è di Βατίεια e di Μυρίνη (3) e di tante altre cose così di questo poeta come di altri? Senonchè forse la ragione di questi nomi è più che da me e da te lo scoprirla. Di Σκαμάνδριος invece e d'Ἀστυάναξ, che sono i nomi ch'egli afferma dati al figlio di Ettore, è cosa più umana, come a me pare, e

---

scuno quindi si nomina secondo quest'essenza che a lui ne pare e ch'è il tutto di essi, si deve dire che i nomi vengon messi secondo natura e non secondo patto o accordo. Adunque, Protagora avrebbe espresso la stessa opinione che Socrate ha difeso nei cap. III-X, ma in virtù di una dottrina in tutto opposta; perchè dove Socrate aveva sostenuto che i nomi fossero secondo natura, perchè esprimono l'idea oggettiva ed immobile di ciascuna cosa, Protagora sosteneva il medesimo, perchè n'esprimessero la sensazione soggettiva e mobile. » (BONGHI)

(1) *Il.* XX 74.

(2) *Il.* XIV 291.

(3) *Il.* II 813 sg.

più facile investigare dove mai sia, a parer suo, la giustezza. Tu sai di certo i versi ne' quali si trova ciò ch'io dico.

Er. Sicuro.

So. Ora, quale dei due nomi credi tu che Omero ritenga più giustamente dato al bambino: Ἀστυάναξ o Σκαμάνδριος?

Er. Non saprei.

XII. — *So.* Suvvia, ripensaci così: se qualcuno ti domandasse: « Chi credi tu che dieno i nomi più giusti: i più intelligenti, o i meno intelligenti? »

Er. Ma è chiaro che i più intelligenti direi.

So. Orbene, nelle città ti paiono più intelligenti le donne o gli uomini, parlando, si capisce, in generale?

Er. Gli uomini.

So. E sai bene come Omero dica che il figliuolo d'Ettore era chiamato Ἀστυάναξ da' T r o i a n i , il che vuol dire che Σκαμάνδριος lo chiamavano senza dubbio le donne, dappoichè gli uomini lo chiamavano Ἀστυάναξ?

Er. È ovvio.

So. Ora, anche Omero non stimava i Troiani più savî delle loro donne?

Er. Lo credo io pure.

So. Cosicchè anch'egli credeva che al fanciullo più giustamente s'addicesse il nome d'Ἀστυάναξ che quello di Σκαμάνδριος (1)?

Er. È chiaro.

So. Ed ora osserviamo perchè; o questo perchè non ce lo addita egli stesso? Difatti egli dice di Ettore:

> chè la città e le lunghe mura egli sol proteggeva;

e però, com'è naturale, sta bene che il figliuolo di questo salvatore sia chiamato Ἀστυάναξ, ' re della città ', cioè signore di ciò che il padre di lui, a detta d'Omero, salvava.

---

(1) *Il.* XXII 506 sg. Ma Platone finge d'ignorare che anche Ettore, come risulta da VI 402, chiamava Scamandrio il suo figliuolo.

Er. È chiaro.

So. O come mai? chè non l'intendo ancora neppur io. E tu, Ermógene, l'intendi?

Er. Per Zeus, io no.

So. Ma, valentuomo, anche ad Ettore non pose il nome lo stesso Omero? 393

Er. Che vuoi dire?

So. Che anche il nome Ἕκτωρ mi pare suppergiù simile ad Ἀστυάναξ, e che tutti e due abbiano sembianza di ellenici. Giacchè ἄναξ, ' signore ', ed ἕκτωρ, ' tenitore ', ' possessore ', significano a un dipresso lo stesso: sono entrambi nomi regali; e in effetti quello, di cui uno è ἄναξ, di questo è anche ἕκτωρ, poichè egli lo domina, lo possiede, lo ' ha ', ἔχει. O pare a te ch'io non dica nulla e illuda me stesso nel credere di camminar quasi sulle orme d'Omero circa la giustezza de' nomi?

Er. Oh! no, per Zeus; anzi mi pare che tu gli vada ben dappresso.

XIII. — *So.* Certo, se non m'inganno, è giusto chiamar leone la prole del leone e cavallo la prole del cavallo. S'intende ch'io non accenno al caso che per un prodigio da un cavallo nasca qualche altra cosa che non è cavallo, ma parlo di quello che, secondo natura, sia progenie del genere. Ove mai contro natura una giumenta partorisca quello che da natura è prole di vacca, questo non s'ha da chiamar puledro, ma vitello; e neppur credo che, ove da un uomo si generi qualcosa che non è uomo, questo si debba chiamare uomo. E così anche degli alberi come di tutto il resto. O non approvi?

Er. Approvo.

So. E fai bene. Ora però sta' attento ch'io non ti tragga in errore. Secondo questo discorso, infatti, una prole di re bisogna chiamarla re; ma che ciò poi sia espresso con queste o con altre sillabe, il fatto non cambia, come non cambia per nulla neanche se vi si aggiunga o se ne tolga qualche lettera, fino a che, si badi, l'essenza dell'oggetto domini chiara nel nome.

Er. Che vuoi dire con ciò?

So. Niente d'astruso, ma quel che già sai delle lettere, a cui diamo nomi che non sono però le lettere stesse, all'infuori di quattro: l'ε, l'υ, l'ο, l'ω; quanto alle altre, vocali e mute, tu sai che noi le enunciamo mettendoci intorno altre lettere per dar loro un nome. Ma fino a che vi lasciamo chiaro il valore della lettera, sta bene chiamarla con quel nome che ce la renderà manifesta. Prendiamo ad esempio il βῆτα: tu vedi che nonostante l'aggiunta dell'η, del τ e dell'α non ha perso nulla, in guisa da non esprimere chiaramente con l'intero nome la natura di quella lettera che il legislatore volle significare; così bene egli seppe alle lettere adattare i nomi.

Er. Mi pare che tu abbia ragione.

So. Sicchè anche del re bisogna dire lo stesso? Difatti da un re nascerà pure un re, da un buono un buono, da un bello un bello, e così via dicendo: da ciascun genere un'altra progenie simigliante, quando non avvenga un prodigio; e però bisogna chiamarli co' medesimi nomi. Tuttavia è lecito variarne le sillabe, talchè a chi non se ne intende possano sembrar diversi tra loro, pure essendo gli stessi. I farmachi, per esempio, de' medici, variati ne' colori e negli odori, a noi sembrano diversi, pure essendo gli stessi, mentre al medico, come a colui che osserva il potere dei farmachi, sembrano gli stessi, e non si sgomenta di ciò che vi si aggiunge. Così probabilmente anche l'uomo versato nella dottrina dei nomi osserva il loro valore, e non si sgomenta se qualche lettera s'aggiunga o si trasponga o si tolga, o s'anche il valore del nome stia in lettere addirittura differenti. Come or ora dicevamo, Ἀστυάναξ ed Ἕκτωρ non hanno affatto le medesime lettere, dal τ in fuori, ma intanto voglion dire lo stesso; e Ἀρχέπολις 'reggitore di città', che lettere ha comuni con quelli? Eppure il significato è lo stesso. E c'è molti altri nomi, i quali non significano niente altro che re; ed altri daccapo generale, come Ἆγις, 'condottiero', e Πολέμαρχος, 'duce in guerra', ed Εὐπόλεμος, 'valente in guerra'; ed altri perizia medica, quali Ἰατροκλῆς, ' medico illustre ', ed Ἀκεσίμβροτος, ' sanatore d'uomini '. E forse ne troveremmo altri e molti, dissonanti quanto a sillabe e lettere, ma che pure quanto a valore concordano. Pare a te che sia così, o no?

Er. Senza dubbio.

So. Sicchè alle cose generate secondo natura si devono dare gli stessi nomi?

Er. Certo.

XIV. — *So.* Ma a quelle generate contro natura, a quelle che si generino in forma di prodigio? Allorchè, per esempio, da un uomo buono e pio si generi un empio, non ci si ritrova dinanzi al caso di poco fa: che se una giumenta avesse partorito una prole bovina, non si dovesse questa denominare dal genitore, ma dal genere al quale appartenesse.

Er. Sicuro.

So. E quindi anche a chi sia generato empio dal pio bisogna dargli il nome del genere.

Er. Così è.

So. Perciò, direi, non s'ha da chiamare nè Θεόφιλος, ' caro a Dio ', nè Μνησίθεος, ' memore di Dio ', nè con altro nome simile; bensì dargliene uno che indichi qualcosa di contrario a questo, ove davvero i nomi debbano conseguire la loro giustezza.

Er. Ma non c'è dubbio, Socrate.

So. Cosicchè, Ermógene, Ὀρέστης sarà probabilmente un nome ben dato, sia che glielo abbia posto un caso o un poeta, per mostrare col nome ciò che di ferino, di selvatico, di ὀρεινόν, di ' rupestre ', era nell'indole dell'uomo.

Er. Così sembra, Socrate.

395

So. E direi che anche al padre di lui il nome gli si addica secondo natura.

Er. Mi pare.

So. Difatti l'Ἀγαμέμνων ha l'aria d'esser tale uomo da credere di dover durare qualsiasi fatica e star saldo, pur di raggiungere col suo valore il fine che s'è proposto. Del suo sentimento e della sua saldezza è prova la μονή, la ' permanenza ' davanti a Troia. Che quest'uomo dunque fosse ἀγαστός, ' ammirabile ', per la sua ἐπιμονή, per la sua ' perseveranza ', è significato appunto dal nome 'Αγαμέμνων. E bene sta probabilmente anche il nome 'Ατρεύς. Poichè l'uccisione di Crisippo per sua mano e la sua atroce condotta a' danni di Tieste (1) son tutte cose dannose, anzi ' esiziali ', ἀτηρά, alla virtù. Però il nome che gli fu posto devia alquanto ed è come velato, così da non rendere a tutti manifesta la natura dell'uomo; ma a chi s'intende di nomi 'Ατρεύς dichiara abbastanza ciò che vuol dire, poichè o che si ravvicini all' ἀτειρές, ' inflessibile ', o all'ἄτρεστον, ' intrepido ', o all'ἀτηρόν, ' esiziale '; il nome gli s'adatta benissimo. E a me pare che anche a Πέλοψ il nome s'addica perfettamente, giacchè esso significa ' chi vede le cose vicine ' [esser degno di questa denominazione].

Er. E come?

So. In quanto che di lui si narra, per esempio, che nell'uccisione di Mírtilo (2) non fu punto capace nè di presentire nè di prevedere le conseguenze lontane per la sua progenie, di quante sciagure l'avrebbe sopraffatta; ma vide solo ciò che gli era ' vicino ' e presente, come suona πέλας, quando si die' premura d'ottenere ad ogni costo la mano d'Ippodamia. A Τάνταλος poi ognuno stimerà che il nome gli fosse posto giustamente e secondo natura, se sono veri i casi che di lui si raccontano (3).

---

(1) Crisippo era figliuolo di Pélope e d'Astíope; e poichè molto amato dal padre, la matrigna Ippodamia, ingelositane, lo fece uccidere da' propri figli, fratellastri di Crisippo, Atreo e Tieste. Per tale misfatto cacciati dal padre, questi due si rifugiarono presso il re di Micene; ma più tardi sorse tra loro una inimicizia mortale. Tieste tentò di fare uccidere Atreo; Atreo a sua volta trucidò i due figliuoli bambini di Tieste e ne imbandì al padre le membra cucinate.

(2) Pélope ottenne con un inganno la mano d'Ippodamia, figlia di Enómao, re di Pisa nell'Élide, aiutato in ciò da Mírtilo, auriga di Enómao. Ma più tardi, sospettando di Mírtilo, lo gettò in mare; e Mírtilo, mentre affogava, lanciò contro il suo uccisore e la costui discendenza una maledizione che sulla stirpe dei Pelópidi pesò per una lunga serie d'anni.

(3) Tántalo, re di Lidia o, secondo qualcuno, di Paflagónia, e figlio di Zeus, era carissimo agli dei, che lo invitavano spesso a' loro conviti. Ma egli non solo rubò loro il nettare e l'ambrosia e ne svelò i segreti, ma

Er. E quali?

So. Le sventure che, vivo ancora, lo colsero, molte
e terribili, delle quali l'ultima fu la rovina totale della
sua patria; e, morto, lì nell'Ade quella ταλαντεία,
quella ' sospensione ' del macigno sul capo, così mira-
bilmente consona col suo nome. E pare, proprio come
se uno, che voleva chiamarlo ταλάντατος, ' infelicis-
simo ', per nascondere il proprio pensiero gli avesse
in quella vece dato il nome di Τάνταλος; pare, ripeto,
che un tal nome anche gliel'avesse fornito il caso della
voce < corrente intorno al supplizio dell'eroe >. E sembra che anche il padre di lui sia giusto chiamarlo Δία. Difatti il nome < Ζεύς, che in qualche caso ci si presenta
nella doppia forma di Ζῆνα e di Δία > è addirittura
come una proposizione; ma noi, avendolo diviso in
due, ci serviamo chi dell'una, chi dell'altra parte; e,
così taluni lo chiamano Ζῆνα ed altri Δία. Però, com-
poste insieme, le due parti chiariscono la natura del
nume, che è appunto ciò che, secondo noi, un nome
dev'essere in grado di fare. Poichè non c'è chi e per
noi e per tutti gli altri esseri sia causa dello ζῆν, vale a
dire del ' vivere ', più di colui che è signore e re di tutte
le cose. Sicchè accade che a buon diritto questo iddio
sia denominato colui δι' ὅν ζῆν, ' pel quale ', cioè, il
' vivere ' appartiene a tutti i viventi. Senonchè, come dico,
il nome, che è uno, è stato diviso in due parti: Δία e Ζῆνα.
Che poi questi sia chiamato figliuolo di Κρόνος, può
alla prima sembrare a chi l'oda un'impertinenza (1);
invece è ben ragionevole il far Δία prole d'una grande
διάνοια, d'una grande ' intelligenza ', giacchè il nome
Κρόνος si risolve in κόρος (2) — non già nel senso

396

volle metterne a prova l'onniscienza, imbandendo loro in un banchetto
le membra cucinate del proprio figliuolo Pélope. Gli dei s'accorsero del-
l'atroce inganno; e Zeus, richiamato in vita il fanciullo, condannò Tántalo,
il cui regno frattanto, come qui è detto, era andato distrutto, a languire,
morto, di fame e di sete dinanzi a frutti o cibi squisiti, minacciato conti-
nuamente da un enorme macigno che gli pendeva sul capo.

(1) Kronos nell'uso comune valeva talvolta vecchio decrepito, rim-
bambito.

(2) Κόρος è da Platone ravvicinato a χορεῖν, ' spazzare '; e dire che
etimologie come questa, che nessuno oggi prenderebbe sul serio, poterono
sembrare mirabili a qualche interprete antico!

di giovanetto, ma di ' puro ' — e in νοῦς ' mente ', e accenna alla purezza e sincerità della mente di lui. Κρόνος poi, come si narra, è figlio d'Οὐρανός; e sta benissimo che la contemplazione verso l'alto si chiami con questo nome di οὐρανία, di ' celeste ', come ὁρῶσα τὰ ἄνω, come quella, cioè, ' che contempla le cose di lassù ', donde anche appunto, Ermógene, quelli che indagano le cose celesti affermano che in noi deriva la purezza della mente e che è ben giusto che al cielo si dia il nome d'οὐρανός. E se io mi ricordassi della genealogia d'Esiodo, quali egli, risalendo ancora più in su, dice sieno stati i progenitori di questi, non smetterei di mostrare come giustamente ad essi fossero posti i nomi, fino a che non avessi messo bene a prova che cosa mai farà, se si stanchi o no, questa sapienza, che così ora d'improvviso m'è caduta addosso, non so di dove.

Er. E difatti, Socrate, tu mi hai proprio l'aria di vaticinare, come gl'invasati, all'improvviso.

XV. — *So.* E sospetto, Ermógene, che essa mi sia caduta addosso soprattutto per opera di Eutífrone il Prospaltese (1), giacchè stamane sono stato a lungo con lui e gli ho prestato orecchio. E può ben darsi che, invasato com'è, non solo m'abbia riempito gli orecchi d'una sapienza divina, ma che me l'abbia attaccata anche all'anima. Sicchè mi pare che sia bene far così: per oggi servirsene e seguitare l'indagine de' nomi; domani poi, se anche a voi parrà, la scongiureremo e ci purificheremo, dopo d'aver trovato qualcuno il quale s'intenda di siffatte pratiche, sia un sacerdote o sia un sofista (2).

397

---

(1) Su questo Eutifrone del demo di Prospalta — un demo che faceva parte della tribù Acamántide — vedi il dialogo che prende nome da lui.

(2) « È notevole questo concetto e non abbastanza osservato. Socrate si dice invasato d'una divina o piuttosto demonica sapienza; e crede di doversene purificare con cerimonie, le quali possono essere celebrate o da un sacerdote o da un sofista. Vuol dire, credo, che una sapienza la quale non si fondi sopra un ragionamento dialettico, non è tale che l'uomo vi possa posare; e quanto al sacerdote o al sofista, sono, nel suo pensiero, due purificatori di essa non sul serio, ma per celia, poichè nè quello nè questi sono in grado d'introdurre alla sapienza dialettica. » (BONGHI)

Er. Ma, quanto a me, d'accordo, perchè udrei assai volentieri quel che ti resta a dire de' nomi.

So. Ma allora bisogna fare così. Poichè ci siamo pur messi per una certa via, donde vuoi che cominciamo l'indagine, affinchè si veda se i nomi stessi non ci attestino non essere stati posti così ciascuno addirittura a caso, ma avere una loro propria giustezza? Ora, i nomi che si attribuiscono agli eroi ed agli uomini forse ci trarrebbero in inganno, giacchè molti di essi hanno la loro radice in certe tradizioni di famiglia, pur non attagliandosi, come si diceva da principio, a talune persone; e molti si mettono come per augurio, quali Εὐτυχίδης, 'Fortunato', e Σωσίας, 'Salvatore', e Θεόφιλος, 'caro a Dio', e molti altri. Nomi cosiffatti bisogna, ritengo, lasciarli da parte. Credibile invece è che nomi posti giustamente noi li troviamo soprattutto in quegli enti che di loro natura sono eterni, poichè convien credere che qui soprattutto l'apposizione de' nomi sia stata oggetto di gran cura. E forse alcuni di essi furon anche posti da un più divino potere che non sia l'umano.

Er. Mi pare, Socrate, che tu abbia ragione.

XVI. — *So*. E non ti par giusto cominciare dagli dei, ricercando perchè mai furono a ragione chiamati appunto con questo nome di ϑεοί?

Er. Mi pare.

So. Io dunque sospetto suppergiù questo: credo, cioè, che i primi uomini viventi nell'Ellade stimassero iddii quelli soltanto che ora son ritenuti per tali dalla maggior parte dei barbari: il sole e la luna e la terra e le stelle e il cielo; e in quanto li vedevano tutti andar sempre di corsa e correre, da questa loro natura del ϑεῖν, del 'correre', li avessero denominati ϑεοί; ma che più tardi, avendo concepito gli altri, li chiamassero tutti con questo medesimo nome. Pare a te che abbia aspetto di verità ciò che dico, o no?

Er. Altro che!

So. Ed ora poi, che altro dovremmo esaminare?

Er. È chiaro: i 'demoni', i δαίμονες [e gli 'eroi', gli ἥρωες, e gli 'uomini', gli ἄνθρωποι].

So. E in verità, Ermógene, che mai può voler dire questo nome di δαίμονες? Rifletti se ti pare che qualcosa io la dica.

Er. Suvvia, dillo.

So. Sai tu chi Esiodo dica che sieno i δαίμονες?

Er. Non l'ho in mente.

So. E neppure com'egli dica che fosse d'oro il primo genere umano?

Er. Sì, questo lo so.

So. Orbene, di esso egli dice:

398

Ma poi che tale stirpe la Moira sotterra nascose,
demoni ipoctonii puri e' sono chiamati,
buoni, scongiuratori de' mali, custodi dell'uomo (1).

Er. E che ne concludi?

So. Che il poeta, come io credo, per questa generazione aurea non volle significare ch'ella per natura fosse realmente d'oro, ma, sì, buona e virtuosa. E per me n'è prova che di noi pure egli dice che siamo una generazione ferrea (2).

Er. Dici cosa vera.

So. Cosicchè tu credi che anche degli uomini d'oggi, se qualcuno ce n'è buono, egli direbbe che appartiene a quella generazione aurea?

Er. È verosimile.

So. E i buoni son forse altro che gl'intelligenti?

Er. Oh! no, appunto gl'intelligenti.

So. Ebbene, a me pare che tali soprattutto egli dica i δαίμονες; perchè erano intelligenti e δαίμονες, cioè 'savî', li ha chiamati δαίμονες, 'demoni'; anzi nella nostra lingua antica occorre precisamente quel nome. Dice dunque benissimo e costui e tanti altri poeti, quanti dicono che, allorquando un uomo veramente dabbene muoia, gli tocca una gran sorte ed

---

(1) *Opp. et Dies*, v. 121 sg. Ma la lez. del testo differisce alquanto,
(2) *Ibid.* v. 176.

onore, e divien demone, traendo dall'intelligenza il nome. Per questa ragione anch'io ritengo che ogni uomo che sia dabbene, sia δαιμόνιος, 'divino', e vivo e morto; e giustamente meriti d'esser chiamato δαίμων.

Er. Su questo punto, Socrate, non posso non votare con te. Ma l'ἥρως, l' 'eroe', poi che cosa sarebbe?

So. Oh! questo sì che non è punto difficile ad intendere. Difatti il nome s'è di poco alterato da quello onde trae origine, cioè da ἔρως, 'amore'.

Er. E come?

So. Non sai che gli ἥρωες, gli 'eroi', sono semidei?

Er. E che perciò?

So. Tutti dunque son nati o da un dio innamorato d'una mortale, o da un mortale innamorato d'una dea. Se perciò tu consideri anche questo secondo la lingua attica, quella antica, lo capirai anche meglio, perchè ti chiarirà che dal nome dell'ἔρως, dell' 'amore' donde son nati gli eroi, con una lieve alterazione, per farne un appellativo, costoro furono denominati ἥρωες. E così, o è questo che ha dato origine al nome, o il fatto che erano sapienti e retori [e] abilissimi e dialettici, capacissimi di ἐρωτᾶν, cioè d' 'interrogare', giacchè <ἐρωτᾶν è affine ad> εἴρειν <che> vale 'parlare'. Come dunque dicevamo, quelli che in lingua attica son detti eroi, ci risultano de' retori e degli esseri capaci d'interrogare, sicchè la stirpe eroica diventa una genia di retori e di sofisti. Però non questo è difficile a intendere, bensì piuttosto il nome dato agli 'uomini', perchè mai fossero chiamati ἄνθρωποι. O tu sai dirmelo?

XVII. — *Er.* E come potrei, mio buon Socrate? Neanche se fossi in grado di trovare qualcosa, non mi ci sforzo, perchè ritengo che tu lo troverai meglio di me.

So. Tu confidi, mi pare, nell'ispirazione d'Eutífrone. 399

Er. È evidente.

So. E confidi a ragione. Così anch'io ora credo di vederne una spiegazione elegante; e, se non mi guardo, corro il rischio di divenire oggi anche più sapiente del necessario. Bada a ciò che dico. Innanzi tutto, de' nomi bisogna farsi questo concetto: che nel dedurli donde vogliamo, noi talvolta inseriamo delle lettere, tal altra ne leviamo via, e mutiamo gli accenti. Prendiamo, ad esempio, Διὶ φίλος, ' caro a Zeus '. Perchè questo di locuzione ci diventi nome, noi ne abbiamo tolto via uno dei due ι e la sillaba di mezzo invece che acuta l'abbiamo pronunciata grave. In altri nomi, al contrario, inseriamo qualche lettera e pronunciamo < come acute > delle sillabe di tono grave.

Er. È vero.

So. Orbene, uno di codesti casi è occorso anche al nome ἄνθρωποι, com'io ritengo. Di locuzione è divenuto nome, con la eliminazione d'una lettera, d'un'α, e col mutamento della desinenza da acuta in grave.

Er. Come l'intendi?

So. Così. Questo nome ἄνθρωπος, ' uomo ', significa che, mentre gli altri animali non considerano nè ripensano nè ἀναθροῦσιν, ' riesaminano ' mai nulla di ciò che vedono; l'uomo, non appena ' ha visto ' — ciò che diciamo anche ὄπωπε — subito ἀναθρεῖ, ' riesamina ' e riflette su ciò che ha visto; donde a ragione soltanto l'uomo tra gli animali fu denominato ἄνθρωπος, cioè ἀναθρῶν ἃ ὄπωπε, ' che riesamina ciò che ha visto '.

Er. Ed ora poi? posso chiederti ciò che ancora mi piacerebbe di sapere?

So. Senza dubbio.

Er. Una cosa, mi pare, che vi fa seguito. Giacchè dell'uomo c'è qualcosa che chiamiamo ' anima ', ψυχή, e qualcosa che chiamiamo ' corpo ', σῶμα.

So. E come no?

Er. Proviamoci dunque a spiegare anche questi nomi come i precedenti.

So. Sicchè tu dici che si ricerchi di ψυχή come a ragione sia denominata così, e poi a sua volta di σῶμα?

Er. Appunto.

So. Orbene, per dirla così su due piedi, io credo che coloro, i quali dettero all'anima questo nome di ψυχή, abbiano pensato che questa tal cosa sia ciò che, quando si trovi presente nel corpo, gli è principio di vita, fornendogli il potere di respirare e il potere ἀναψῦχον, 'ricreante'; sicchè, non appena questo potere venga a mancare, il corpo perisca e muoia. Da ciò, pare a me, essi chiamarono ψυχή l' 'anima'. E se vuoi... Ma un momento; chè mi pare d'intravedere una derivazione, più di questa persuasiva per Eutífrone e i suoi. Giacchè, s'io non m'inganno, costoro 400 dovrebbero spregiare e stimar grossolana quella che ne ho data. E guarda un po' se quest'altra anche a te non piaccia di più.

Er. Dimmela dunque.

So. La natura di tutto il corpo, così che esso e viva e vada intorno, che cos'altro pensi tu che la possa 'tenere' insieme, ἔχειν, e 'portare', ὀχεῖν, all'infuori dell'anima?

Er. Oh! null'altro.

So. E che? anche la natura di tutte le altre cose non credi tu fermamente con Anasságora che sia la mente e l'anima quella che l'ordina e la tiene insieme?

Er. Io sì.

So. A questa potenza dunque, che φύσιν ὀχεῖ καὶ ἔχει, che 'porta e tiene la natura', si addice ottimamente darle nome di φυσέχη; e questo poi è anche ben lecito d'illeggiadrirlo in ψυχή.

Er. Nessun dubbio; e tale derivazione mi pare più a norma d'arte dell'altra.

So. Ed è così realmente. Tuttavia fa davvero ridere se il nome le si dà come le fu posto.

Er. Ma come diremo che s'abbia da intendere quell'altro dopo?

So. Alludi a σῶμα, 'corpo'?

Er. Sì.

So. In parecchi modi, mi pare. Anzi per poco che lo si alteri, in molti anche. Perchè alcuni lo intendono come σῆμα, 'tomba' dell'anima, in quanto v'è sepolta durante la vita terrena (1); e perchè d'altronde l'anima per mezzo del corpo σημαίνει, 'significa' ciò che vuol significare, esso è giustamente denominato σῆμα nel

____

(1) Che il corpo fosse tomba dell'anima era, pare, soprattutto sentenza di Eraclito e del pitagorico Filolao.

senso di ' segno '. Senonchè io son d'avviso che il nome glielo abbiano posto Orfeo e i suoi seguaci, in quanto l'anima vi espia que' peccati che deve espiare, ed abbia quest'involucro, immagine d'un carcere, affinchè σώζηται, ' si salvi '; onde sia per l'anima, fino a che non abbia pagato il suo debito, appunto quello da cui prende nome, un σῶμα, un mezzo di ' salvamento '; e non c'è bisogno di mutarvi nulla, nemmeno una lettera.

XVIII. — *Er.* Di questi, Socrate, mi pare si sia ragionato abbastanza. Ora, de' nomi degli dei, come poc'anzi dicevi di quello di Zeus, potremmo noi indagare allo stesso modo che giustezza abbiano?

So. Ma sì, per Zeus, Ermógene, se avessimo giudizio, noi avremmo un modo, bellissimo tra tutti, questo: che degli dei non sappiamo nulla nè di loro in sè, nè de' nomi con cui chiamino se stessi, poichè è sicuro che essi si chiamano coi nomi veri. Un secondo modo di riconoscerne la giustezza è invocarli com'è consuetudine che s'invochino nelle nostre preghiere; e con quei nomi, quali che sieno e onde che sieno, con cui piaccia loro d'esser chiamati, con questi chiamarli anche noi, da quegl'ignoranti che siamo d'ogni altra cosa, poichè la consuetudine mi pare eccellente. Se però vuoi, facciamone pure la disamina, ma dichiarando prima agli dei che questa disamina non la faremo punto su loro stessi — chè su loro non presumiamo per nulla d'essere in grado di farla — ma sugli uomini, quale opinione questi se ne fossero fatta, quando presero a dar loro de' nomi, perchè questo non è illecito.

Er. Ma mi pare, Socrate, che tu parli come si deve; e facciamo così.

So. E non dovremo dunque secondo la consuetudine cominciare da Ἑστία (1)?

---

(1) Il proverbio: cominciare da Estia, ossia latinamente da Vesta, pare avesse origine dal costume di cominciare ogni sacrificio con una libazione a questa antichissima divinità, protettrice del focolare domestico o della famiglia.

Er. Giustissimo.

So. Ebbene, che concetto diremo se ne fosse fatto chi le diede codesto nome?

Er. Per Zeus, non mi pare che neppur questo sia facile.

So. Sicchè, mio buon Ermógene, c'è pericolo che quei che pei primi posero i nomi non fossero uomini dappoco, ma di que' tali cianciatori che s'occupano delle cose di lassù (1).

Er. Che vuoi dire?

So. Che, a parer mio, l'apposizione de' nomi è l'opera di codesti uomini; e quando uno rivolga la sua attenzione a' nomi forestieri, vede non meno chiaro ciò che ciascun d'essi vuole esprimere. Per esempio, quella che noi chiamiamo οὐσία, ' essenza ', altri Elleni la chiamano ἐσσία, ed altri ancora ὠσία. Ora, anzitutto è conforme a ragione che dal secondo di questi nomi l'essenza delle cose si sia detta Ἑστία, e che poi noi di ciò che partecipa dell'essenza si dica che ' è ', ἔστιν, e le si dia giustamente questo nome d'Ἑστία, giacchè sembra che anche noi anticamente chiamassimo ἐσσία l'οὐσία. Inoltre, chi riflette anche ai sacrificî deve pur credere che tale fosse il pensiero di quelli che posero codesto nome, giacchè è naturale che, a preferenza di tutti gli dei, ad Ἑστία per la prima sacrificassero coloro che all'essenza dettero nome d'ἐσσία. Ma quanti invece la chiamarono ὠσία, c'è da credere che questi, seguendo Eraclito, stimassero che tutte le cose si muovano e nulla resti fermo; che quindi causa e guida di tutto sia l'ὠθοῦν, ciò ' che spinge ', e stia perciò bene denominarla ὠσία < come a dire: ' la potenza che spinge ' >.

XIX. — E questo sia detto come da persone che non sanno nulla. Dopo Ἑστία però è giusto esaminare i

____

(1) Socrate vuol dire che quelli che pe' primi posero i nomi alle cose dovevano essere stati uomini d'ingegno acuto e dedito alle più ardue speculazioni; ma poichè questi tali presso il volgo ignorante venivano considerati come de' chiacchieroni, Socrate, qui come nel ' F e d r o ' (269 *e*) e altrove, si vale ironicamente del nome con cui si soleva denigrarli.

nomi di ' 'Ρέα e di Κρόνος, sebbene quello di Κρόνος sia stato già spiegato da noi... Ma forse io non dico nulla.

Er. E perchè, Socrate?

So. Mio buon amico, sento che nella mia mente c'è annidato uno sciame di pensieri sapienti.

Er. O che sciame?

So. Ridicolo molto a dirsi; eppure credo che una certa credibilità non gli manchi.

402

Er. E quale?

So. Mi par di vedere Eraclito enunciare certi antichi sapienti principî, proprio del tempo di Κρόνος e di 'Ρέα, e a cui anche Omero accenna.

Er. Che vuoi dire con ciò?

So. Dice Eraclito che « tutto si muove e nulla sta fermo »; e assomigliando gli enti al corso d'un fiume, dice che « due volte nello stesso fiume non puoi entrare ».

Er. È vero.

So. Ebbene, credi tu che diversamente da Eraclito la pensasse colui che ai progenitori degli altri dei pose nome 'Ρέα e Κρόνος? O credi tu che a caso abbia posto ad entrambi nomi di fiumi? (1). Come dal canto suo Omero chiama g e n i t o r e d e g l i d e i O c e a n o e m a d r e T e t h y s (2). E così pure Esiodo, credo. Ed anche Orfeo, non so dove, dice

Oceano dalla bella corrente il coniugio creava,
che la sorella uterina Tethys a nozze condusse (3).

Considera dunque come queste testimonianze s'accordino tra loro, e tutte mettano capo alla sentenza d'Eraclito.

Er. Mi pare che qualche cosa Socrate tu la dica. Pure non intendo ciò che voglia significare questo nome Τηθύς.

---

(1) Platone qui ravvicina, sembra, il nome Κρόνος a κρουνός 'fonte' o 'sorgente', come quello di 'Ρέα evidentemente a ῥεῖν 'fluire'.

(2) Cfr. *Il*. XIV 201. Ma che Esiodo, citato subito dopo, dica lo stesso d'Omero, non è esatto. Per Esiodo Oceano e Tethys sono genitori soltanto dei fiumi e delle ninfe oceanine; cfr. *Theog*. v. 337 sgg.

(3) È forse il principio d'un inno ad Oceano; cfr. *Orphicorum fragmm.* coll. O. KERN (Berlin, 1922) p. 87, 15.

So. Ma esso stesso dice quasi da sè che è nome dissimulato di fonte. Giacchè sì il vocabolo διαττώμενον, ciò ' che colà ', e sì l'altro ἠθούμενον, ciò ' che sgocciola ', sono immagine di fonte; e da tutti e due questi vocaboli è composto il nome Τηθύς.

Er. Codesta, Socrate, è davvero congettura squisita.

So. E come no? Ma e dopo? Di Zeus s'è gia detto.

Er. Sì.

So. Diciamo dunque dei fratelli di lui, di Ποσειδῶν e di Πλούτων e dell'altro nome con cui quest'ultimo è chiamato.

Er. Appunto.

So. Ora, questo nome di Ποσειδῶν [il primo che glielo diede] suppongo glielo desse perchè, mentre camminava, la natura del mare lo fermò e non gli permise d'andare oltre, ma gli divenne come un δεσμὸς τῶν ποδῶν, un ' legame dei piedi '. E perciò il dio che governa questa potenza del mare egli lo nomò Ποσειδῶν, quasi ποσὶ δεσμός, ' a' piedi legame '; e l'ε forse vi fu inserito per accrescergli grazia. Senonchè può anch'essere che in origine, anzichè Ποσειδῶν, fosse detto Πολλειδῶν, come dio πολλὰ εἰδώς ' che molte cose sa '; e può darsi infine che dal σείειν, dallo ' scuotere ', fosse chiamato ὁ σείων, ' lo scuotente ', e il π e il δ non sieno che aggiunte. Quanto a Πλούτων, questo nome gli derivò certo dalla πλούτου δόσις, dal ' dono della ricchezza ', poichè la ricchezza si cava dal seno della terra; laddove l'altro di Ἅιδης i più pensano che voglia dire l'ἀιδές, l' ' invisibile '; e perchè temono questo nome, lo chiamano Πλούτων.

Er. Ma tu, Socrate, che cosa ne pensi?

XX. — *So.* Quanto a me, penso che gli uomini s'ingannino per più ragioni circa il potere di questo dio e lo temano a torto. E lo temono, perchè una volta che uno di noi sia morto, riman sempre colà; e poichè l'anima arriva da lui spoglia del corpo, anche per questo ne vivono in timore. Invece a me pare che tutto collimi ad un punto, e l'impero del dio e il suo nome.

Er. E come?

So. Io ti esporrò quel che ne pare a me. Difatti dimmi: per un vivente qualunque il legame più forte perchè rimanga dovechessia, qual è mai: la necessità, o il desiderio?

Er. Di gran lunga, Socrate, il desiderio.

So. E credi tu che molti non sfuggirebbero a codesto dio, s'egli non legasse que' che vanno colà col più forte de' legami?

Er. È chiaro.

So. Egli dunque li lega, pare, con qualche desiderio, se li lega col più saldo de' legami, e non con la necessità.

Er. Mi pare.

So. E d'altronde i desiderî sono molti?

Er. Sicuro.

So. E però li legherà col maggiore de' desiderî, se vorrà legarli col maggiore dei legami.

Er. Sì.

So. E può esserci maggior desiderio di quando uno, convivendo con un altro, creda di potere per opera di lui divenir migliore?

Er. Per Zeus, non può essercene alcuno maggiore, Socrate.

So. Per questo dunque, Ermógene, a noi piace d'affermare che nessuno di quei di là voglia tornarsene qui, nemmeno le Sirene stesse (1), le quali anzi vi si sentono adescate non meno di tutti gli altri; tanto son belli, parrebbe, i discorsi che codesto iddio sa dire. E, come si cava da questo discorso, egli è un sofista perfetto e gran benefattore di quanti gli stanno dappresso, egli che così gran copia di beni dispensa anche a questi di qui; ' tanti ', πολλὰ οὕτω, sono quelli che gliene soverchiano colà, e pe' quali ebbe il nome di Πλούτων. E, d'altra parte, il non voler egli convivere con gli uomini mentre hanno i corpi, ma trovarsi

____

(1) Che le Sirene in origine fossero state divinità infernali è attestato dalla presenza delle loro immagini ne' monumenti funerarî. Cfr. anche *De Rep.* X 617 b.

con loro solo quando l'anima sia pura di tutti i vizî 404
e le passioni che s'accompagnano al corpo, non pare
a te che sia da filosofo e da chi è ben persuaso che così
può tenerli, perchè li ha legati col desiderio della virtù,
laddove, quando eran tuttora soggetti alle agitazioni
e alle follie del corpo, neppure Kronos, il padre, potrebbe trattenerli con quei legami che si dicon di
lui (1)?

Er. Forse non hai torto, Socrate.

So. Sicchè, Ermógene, questo nome di Ἅιδης non
dovette venirgli dall'ἀιδές, dall' 'invisibile', ma ben più
probabile è che dall' εἰδέναι, dal ' saper ' lui ogni cosa
bella il legislatore lo avesse chiamato Ἅιδης.

XXI. — *Er.* E sta bene. Ma di Δημήτηρ ed Ἥρα e
Ἀπόλλων e Ἀθηνᾶ ed Ἥφαιστος e Ἄρης e degli altri
iddii che cosa diremo?

So. Δημήτηρ sembra che per il dono del cibo sia
stata chiamata la διδοῦσα ὡς μήτηρ, colei ' che dà
qual madre '; ed Ἥρα in quanto è ἐρατή, ' amabile ',
poichè anche si racconta che Zeus, invaghito di lei,
la tenga seco. Senonchè forse il legislatore, nello spe-
culare su' fenomeni celesti, denominò l'ἀήρ, l' 'aere ',
Ἥρα, studiandosi però di nascondere il proprio pensiero col porre in ultimo la prima lettera di questo
nome ἀήρ; e di ciò puoi accorgerti se più volte di seguito ripeterai il nome Ἥρα. Quanto a Φερρέφαττα
molti hanno paura di pronunciare e questo nome e
quello di Ἀπόλλων, per ignoranza, s'intende, di ciò
che costituisce la giustezza de' nomi, giacchè, scam-
biando, vanno col pensiero a Φερσεφόνη, l' ' apportatrice
di morte ', e par loro terribile; mentre esso indica
che la dea è sapiente. Le cose infatti φερόμεναι, cioè
' trasferendosi ', l'ἐφαπτόμενον ed ἐπαφῶν, quello ' che
tocca ' e ' raggiunge ' e può insomma tener loro dietro,
sarebbe sapienza. Dirittamente dunque per la sapienza

____

(1) Questi vincoli che prendon nome da Kronos non si sa bene che
cosa sieno; quelli forse con cui Zeus legò il padre vinto?

e ' per l'attingimento di ciò che è in moto ', διὰ τὴν ἐπαφὴν τοῦ φερομένου, questa dea dovrebbe chiamarsi Φερέπαφα o qualcosa di simile; ed è questa appunto la ragione, per la quale anche Ἄιδης, che è sapiente, convive con lei, poichè ella è tale. Oggi però, tenendo più conto della comodità di pronunzia che della verità, le alterano il nome così da chiamarla Φερρέφαττα. E altrettanto, come dicevo, s'avvera per Ἀπόλλων, del qual nome molti sono in paura, quasi indichi alcunchè di terribile. O non te ne sei accorto?

Er. Ma certamente; ed hai proprio ragione.

So. E invece io son d'avviso che il suo nome è il più bello che gli si potesse dare, mirando alla potenza del nume.

Er. E come?

So. M'ingegnerò di spiegarti il mio pensiero. Poichè 405 non c'è nome che, uno com'è, possa meglio adattarsi ai quattro poteri del dio, in guisa da coglierli tutti e chiarirne in qualche modo il carattere di musicista, di profeta, di medico e d'arciere.

Er. Oh! dimmelo; giacchè, stando alle tue parole, questo nome è qualcosa di eccezionale.

XXII. — *So.* Intanto è assai bene armonizzato, perciò che il dio è un musicista. Giacchè, in primo luogo, la purificazione e le purgazioni, così secondo l'arte medica come secondo l'arte divinatoria, e le lustrazioni mediante i farmachi, suggeriti dalla medicina e dalla mantica, e i lavacri che vi si fanno e le aspersioni son tutte cose miranti ad un solo fine: quello di render puro l'uomo e nel corpo e nell'anima. O non credi?

Er. Senza dubbio.

So. Sicchè questi sarebbe il dio che purifica, ' che lava ', ἀπολούων, e ' che scioglie ', ἀπολύων, da siffatti mali?

Er. Senza dubbio.

So. Per questo suo potere dunque di sciogliere e lavare, da quel medico ch'egli è di codesti mali, dovrebbe giustamente chiamarsi Ἀπολούων, il dio ' che lava '. Però, avuto riguardo alla facoltà divinatrice e al vero e al ' semplice ', all'ἁπλοῦν — che col vero è tutt'uno — il nome, che gli danno i Tessali, sarebbe quello che a questo iddio si converrebbe meglio d'ogni altro, giacchè i Tessali tutti non lo chiamano che Ἄπλουν. Inoltre, per esser egli ἀεὶ βολῶν ἐγκρατής, cioè ' sempre padrone dei colpi ', data la sua maestria nell'arte di saettare, egli è 'Αειβάλλων, colui ' che sempre colpisce '. Per ciò poi che riguarda l'arte musicale, bisogna tener presente che l'α in molti casi equivale ad ὁμοῦ, ' insieme '; e in questo nostro l'ὁμοῦ πόλησις, il ' moto insieme ', cioè concorde, può intendersi tanto del cielo, che chiamano poli, quanto dell'armonia nel canto, che chiamano sinfonia, poichè queste cose < i cieli ed i suoni >, come dicono gl'intendenti di musica e d'astronomia, πολοῦσιν, ossia ' si muovono ' tutte ad un tempo armonicamente. Ora, questo nume presiede all'armonia ὁμοπολῶν, ' movendo insieme ' tutte codeste cose e presso gli dei e presso gli uomini. Come dunque il ' compagno di via ', l'ὁμοκέλευθος, l'abbiamo chiamato ἀκόλουθος, ' seguace ', e a ' chi divide il letto ', all'ὁμόκοιτις, abbiamo dato il nome di ἄκοιτις, ' compagna di letto ', ' coniuge ', sostituendo l'α all'ὁμο-; così pure abbiamo chiamato 'Απόλλων quegli che era Ὁμοπολῶν, ' movente insieme ' il tutto, con l'inserire nel nome un secondo λ, perchè si confondeva con quel tristo vocabolo < ἀπολῶν, che vuol dire colui ' che ucciderà ' >. Ed è questo appunto ciò di cui ora taluni stando in sospetto, dacchè non riescono ad intendere dirittamente il valore del nome, hanno paura, quasi che significhi eccidio. Invece esso, come testè dicevo, gli sta a capello, perchè riassume tutti i poteri < già enumerati > del dio che è veritiero, 406 arciere infallibile, purificatore e fattore dell'armonia universale. Le Μοῦσαι poi e l'arte musicale in genere < il legislatore > le chiamò così, come pare, da μῶσθαι, ' investigare ', e dall'indagine e dalla filosofia; e Λητώ dalla bontà d'animo di questa dea, per esser ella ἐθελήμων, ' benevola ' a chi la preghi di qualche favore. Ed è forse come la chiamano i forestieri, di cui molti la chiamano Ληθώ; sicchè è verosimile che per riguardo

alla nessuna asperità, anzi alla mitezza e ' levigatezza ',
al λεῖον, del suo ' carattere ', dell' ἦθος, fosse chiamata Ληθώ < la dea ' dall'animo dolce ' > da quelli
che così la chiamano. Ad Ἄρτεμις, da ultimo, sembra
che il nome fosse posto dall'essere ἀρτεμής, ' intatta '
e pudica per il suo desiderio di verginità. E fors'anche
chi le diè nome, la volle chiamare ἀρετῆς ἴστωρ,
' di virtù esperta ', o designarla come τὸν ἄροτον
μισήσασα, colei, cioè, ' che l'aratura detesta ' del maschio
nella donna. Insomma o per una di tali ragioni o per
tutte insieme questo nome pose alla dea colui che
glielo pose.

XXIII. — *Er*. E che puoi dirmi di Διόνυσος e di
Ἀφροδίτη ?

So. Gravi domande, o figliuol d'Ipponico, son queste
che mi rivolgi. Poichè de' nomi dati a queste divinità
la ragione viene esposta in due modi: sul serio o per
ischerzo. Quella seria domandala ad altri; ma quella
scherzosa nulla impedisce che si dica, perchè anche
gli dei amano lo scherzo. Così Διόνυσος nel suo nome
giocoso sarebbe Διδοίνυσος, cioè ὁ διδοὺς τὸν οἶνον,
' colui che dà il vino '; e il ' vino ', l' οἶνος, poichè
alla più parte de' beoni fa ' credere ', οἴεσθαι, d'aver
' mente ', νοῦς, sebbene non l'abbiano, può a buon
diritto esser detto οἰόνους, quello ' che fa credere d'aver
giudizio '. Quanto ad Ἀφροδίτη, non sta bene con-
tradire ad Esiodo (1), ma bisogna consentire con lui
che ella abbia avuto un tal nome per esser nata dal-
l' ἀφρός, dalla ' spuma ' del mare.

Er. Ma non ti dimenticherai certo nè di Ἀθηνᾶ tu,
Socrate, che sei un Ateniese, nè di Ἥφαιστος e d' Ἄρης.

So. E non converrebbe nemmeno.

Er. Certamente.

So. Intanto il secondo nome di quella non è difficile dire perchè le sia stato attribuito.

___

(1) Cfr. *Theog.* v. 195 sgg.

Er. Quale?

So. Παλλάς; non la chiamiamo anche così?

Er. E come no?

So. E perciò, se questo nome riteniamo che le fosse posto dal danzare in armi, lo riterremmo, com'io credo, a ragione. Poichè il ' sollevare ' o se stesso o qualcos'altro o di terra o nelle mani, noi lo diciamo 407 πάλλειν e πάλλεσθαι, come ὀρχεῖν ed ὀρχεῖσθαι il ' far danzare ' e il ' danzare '.

Er. Preciso.

So. Per questo dunque Παλλάς.

Er. E giustamente, mi pare. Ma dell'altro nome che dici?

So. Di quello d''Aθηνᾶ?

Er. Sì.

So. Questo, amico mio, presenta maggiori difficoltà. Si direbbe che anche gli antichi si fossero fatti d''Aθηνᾶ quello stesso concetto che ne hanno gli odierni interpreti d'Omero. I più tra questi in effetti, esponendo il poeta, affermano che in 'Aθηνᾶ egli volle impersonare la mente e il pensiero; e chi foggiava i nomi dovè probabilmente pensare di lei qualcosa di simile; anzi, dicendola anche più solennemente θεοῦ νόησις, ' pensiero del dio ', suppergiù dice ch'ella è ἁ θεονόα, ' la mente divina ', usando al modo forestiero l'α in cambio dell'η, e toltone via l'ι e il σ. Senonchè forse neanche per tal motivo, ma come d'una ' che pensa le cose divine ', τὰ θεῖα νοοῦσα, a preferenza d'ogni altro oggetto, la chiamò Θεονόη, cioè ' mente divina '. E nulla vieta di pensare ch'egli volesse chiamarla 'Ηθονόη, come quella che ha ἐν τῷ ἤθει νόησις, il ' pensiero nell'indole ' < e, cioè, il pensiero che ne domina l'animo e le serve di guida >. Ma, alterandone il nome, o egli medesimo o altri in seguito per dargli una forma più leggiadra, la chiamarono 'Aθηνάα.

Er. E il nome Ἥφαιστος poi come l'intendi?

So. Tu mi chiedi di quel nobile φάεος ἵστωρ, ' conoscitore di luce '?

Er. Appunto.

So. Ma non è chiaro ad ognuno che costui è il

Φαῖστος, il ' luminoso ', che al proprio nome ha premesso un η?

Er. Così è forse, se pure a te, com'è probabile, non paia altrimenti.

So. Ma perchè non mi paia, domandami di Ἄρης.

Er. Ebbene, te ne domando.

So. Ἄρης dunque, se vuoi, può essere stato chiamato così dall'esser egli ' maschio ' e ' coraggioso ', ἄρρην e ἀνδρεῖος; o anche dalla sua ' durezza inflessibile ', dall' ἄρρατον; e però a un dio bellicoso può ben convenire il nome di Ἄρης.

Er. Senza dubbio.

So. Ma ora, in nome degli dei, separiamoci dagli dei, perchè temo di parlarne; e mettimi dinanzi altri nomi, se ce n'è che t'interessino, a f f i n c h è t u v e d a q u a l i s i e n o i c a v a l l i d'Eutífrone (1).

Er. Ma certo così farò, dopo d'averti, beninteso, domandato d' Ἑρμῆς, poichè Crátilo dice ch'io non sono Ermógene. Proviamoci dunque ad indagare che cosa anche significhi questo nome di Ἑρμῆς, anche per vedere se costui dica qualche cosa.

So. In verità si direbbe che questo nome debba avere una qualche affinità col discorrere; e l'essere il dio ἑρμηνεύς, ' interprete ' e messaggiero e ladro e ingannevole ne' discorsi e rotto agli affari è tutta una pratica che s'aggira intorno al potere della parola. Come dunque anche testè dicevamo, l' εἴρειν è uso di ' discorrere '; e l'altra parte del nome, il verbo μήδεσθαι, di cui Omero in più luoghi adopera la forma ἐμήσατο, ' macchinò ', in sostanza vale ' escogitare '. Servendosi dunque di questi due elementi, il legislatore ci raffigura quest'iddio come ὁ μησάμενος, come ' colui che escogitò ' il discorrere e il discorso — chè ' discorrere ' è appunto εἴρειν — e quasi c'impone: « O uomini, ' colui che escogitò il discorso ', ὃς τὸ εἴρειν ἐμήσατο, giustamente da voi merita d'esser chiamato Εἰρέμης ». Senonchè ora noi, dando al nome, come presumiamo,

408

---

(1) Accenno scherzoso ad un luogo omerico; cfr. *Il.* V 221 sg.

una forma più bella, lo chiamiamo Ἑρμῆς. [Ed anche Ἶρις, perchè messaggiera degli dei, fu così chiamata dalla medesima voce εἴρειν].

Er. Ah! per Zeus, dunque mi pare che Crátilo abbia ben ragione di dire ch'io non sono Ermógene, perchè non ho alcuna facilità di parola.

XXIV. — *So.* Che però Πάν sia il figliuolo a doppia natura di Ἑρμῆς, questo, amico mio, è verosimile.

Er. O come?

So. Sai bene che la parola esprime ' ogni cosa ', πᾶν; e gira e si muove sempre, ed è duplice: verace e bugiarda.

Er. Certo.

So. Sicchè la parte vera di essa è liscia e divina ed abita su tra gli dei; la bugiarda giù tra la folla degli uomini, ed è aspra e caprina. E infatti i miti e le menzogne abbondano qui, nella vita della drammatica < che prese nome appunto dal capro > (1).

Er. Senza dubbio.

So. A buon diritto perciò chi esprime ' ogni cosa ', πᾶν, ed è ' sempre moventesi ', ἀεὶ πολῶν, può essere Πὰν αἰπόλος (2), figlio a doppia natura di Ἑρμῆς, nella parte superiore liscio, nell'inferiore aspro e capriforme. E quindi Πάν o è il discorso o il fratello del discorso, se davvero è figlio d'Ἑρμῆς; e che il fratello rassomigli al fratello non c'è punto da meravigliarsene. Ma, come dicevo, benedetto uomo, separiamoci dagli dei.

---

(1) Τραγικός ' caprino ' (da τράγος ' caprone ') passò a significare ' tragico ', allorchè dal τράγος prese nome il genere letterario sorto per celebrare le imprese di Dióniso, cioè il dramma, detto appunto tragico, o perchè gli attori dapprima vi si vestivano di pelli caprine, o perchè vi si dava come premio un capro, o più probabilmente perchè a Dióniso si sacrificava quest'animale devastatore della vite. Platone qui usa il vocabolo prima nel senso originale, poi nel senso derivato, valendosi argutamente dell'anfibologia per colpire gli autori drammatici, che a parer suo, com'è detto nella ' Repubblica ', si abbandonavano a menzognere e riprovevoli invenzioni.

(2) Πὰν αἰπόλος (da αἴξ, αἰγός e πέλω o πολέω) vuol dire ' che custodisce o pascola capre ', ' capraio '. Ma Socrate ravvicina la prima sillaba del nome non ad αἰγ-, ma ad ἀεί.

Er. Da codesti iddii, se vuoi, Socrate, separiamoci pure; ma di questi altri, quali il sole, la luna, gli astri, la terra, l'etere, l'aere, il fuoco, l'acqua, le stagioni, l'anno, che cosa ti vieta di spiegarne i nomi?

So. Quante cose, amico mio! Pure, se ti fa piacere, voglio contentarti.

Er. Sì, sì; fammi questo piacere.

So. Dunque, che vuoi per prima cosa? Vuoi, come hai detto, che spieghiamo il nome del ' sole ', di ἥλιος?

Er. Appunto.

409 *So*. Ebbene, io credo che riuscirebbe più chiaro, se uno si valesse della forma dorica, perchè i Doriesi lo chiamano ἅλιος. Ora, ἅλιος può esser detto o dall' ἁλίζειν, dall' ' adunare ' insieme le genti, non appena sorga, o anche dal suo ἀεὶ εἰλεῖν ἰών, dal ' sempre girare andando ' intorno alla terra, o anche, chi sa?, da ciò che esso nel suo corso ποικίλλει, ' variopinge ' quanto spunta di terra, poichè αἰολεῖν < a cui il suo nome è pur ravvicinabile > ha lo stesso significato di ποικίλλειν, ' variopingere '.

Er. E della luna, di σελήνη, che cosa puoi dire?

So. Questo nome mi par che sia un colpo grave per Anasságora.

Er. E perchè mai?

So. Perchè, se non m'inganno, ci mostra chiaro come ciò ch'egli ci gabellava per una novità: che la luna ha la luce dal sole, sia una verità ben più antica.

Er. O come?

So. Σέλας e φῶς, cioè ' splendore ' e ' luce ', sono suppergiù lo stesso.

Er. Sì.

So. Ora, codesto φῶς, che circonda la luna, se gli Anassagorei dicono il vero, è sempre νέον, ' nuovo ', ed ἔνον, ' vecchio ', perchè il sole, girandole in cerchio d'attorno, le gitta su sempre una luce nuova, mentre già vecchia è quella del mese precedente.

Er. Certo.

So. E del resto la luna molti la chiamano Σελαναία.

Er. Vero.

So. Però, poichè ha σέλας νέον καὶ ἔνον ἀεί, cioè

'splendore nuovo e vecchio sempre', il nome che meglio le si addice sarebbe Σελαενονεοάεια; ma s'è contratto ed è divenuto Σελαναία.

Er. Oh, Socrate, che nome da ditirambo codesto! Ma e di μήν o μείς, 'mese', e d'ἄστρα, 'astri', che cosa mi dici?

So. Μείς da μειοῦσθαι, 'diminuire', rettamente dovrebbe esser detto μείης < 'quello che decresce' >, laddove gli astri prendono nome da ἀστραπή, 'fulgore'. Ed ἀστραπή, in quanto ἀναστρέφει τὰ ὦπα, 'fa volger gli occhi', dovrebbe essere ἀναστρωπή, ma ora, abbellito, s'è mutato in ἀστραπή.

Er. E il 'fuoco', πῦρ, e l' 'acqua', ὕδωρ?

So. Quanto al primo mi ci confondo, e temo che o la musa d'Eutifrone m'abbia abbandonato, o l'argomento sia difficilissimo. E sta' attento a che mezzo ricorro in tutti questi casi in cui non so cavarmela.

Er. E qual è?

So. Ecco. Rispondimi: sapresti dirmi perchè mai il 'fuoco' si chiami πῦρ?

Er. Io no davvero, per Zeus.

XXV. — *So.* Ebbene, considera che cosa io ne sospetti. Io penso che molti nomi gli Elleni, e in particolare quelli che vivono soggetti ai barbari, li abbiano presi dai barbari.

Er. E poi?

So. Se quindi si cerca la ragione di questi nomi secondo la lingua ellenica e **non** quella onde derivano, tu intendi come non sia possibile cavarsela.

Er. Naturalmente.

So. Guarda perciò se anche questo nome πῦρ non 410 sia barbarico. Giacchè, in primo luogo, non è facile adattarlo alla lingua ellenica; e poi è evidente che, salvo una lieve modificazione, è il nome che gli danno i Frigî. Ed altrettanto si dica di ὕδωρ, 'acqua', di κύνες, 'cani', e d'altri molti.

Er. Difatti.

So. Non bisogna dunque far loro violenza, quando anche se ne potesse dire qualcosa. E così, con questo espediente, io mi libero di πῦρ e di ὕδωρ. Ma l' ' aere ', ἀήρ, Ermógene, è stato così chiamato perchè αἴρει ' solleva ' gli oggetti di terra? o perchè ἀεὶ ῥεῖ, ' sempre fluisce '? o perchè dal suo ' fluire ', ῥεῖν, si genera il vento? E in effetti da' poeti i ' venti ' son chiamati ἀῆται; sicchè forse ἀήρ equivale ad ἀητόρρουν, ' che fluisce in forma di venti ' (1). Dell'αἰθήρ poi, cioè dell' ' etere ', io sospetto che il nome giusto fosse ἀειθεήρ, perchè, fluendo, ἀεὶ θεῖ, ' sempre corre ' intorno all'aere. Di γῆ, ' terra ', si riconosce meglio il significato, quando si guardi all'altra forma γαῖα dello stesso nome. Poichè γαῖα può giustamente esser chiamata γεννήτειρα, ' genitrice ', come dice Omero, nel quale difatti troviamo γεγάασιν, ' sono nati ', in luogo di γεγέννηνται. E sta bene. Ma, dopo, di che si doveva parlare?

Er. Delle ὧραι, delle ' stagioni ', Socrate, e del doppio nome ἐνιαυτός ed ἔτος che diamo ad ' anno '.

So. Quanto al nome ὧραι bisogna pronunciarlo ὄραι, alla maniera attica antica, se vuoi saperne il significato probabile. E si capisce che son dette così da ὁρίζειν, dal ' determinare ' le stagioni invernale ed estiva e i venti e i frutti della terra. E poichè ὁρίζουσιν, ' determinano ', giustamente si può dirle ὄραι. Ἐνιαυτός poi ed ἔτος rischiano d'esser lo stesso. Giacchè quello che porta alla luce i prodotti della natura, ciascuno a sua volta, e ciascun d'essi ἐν αὐτῷ ἐξετάζει, ' in se stesso ricerca ', come si notò del nome Ζεύς, donde in certi casi abbiamo Ζῆνα, in altri Δία; così anche qui alcuni, perchè ἐν ἑαυτῷ, lo dicono ἐνιαυτός, e altri, perchè ἐτάζει, ἔτος. Però l'intera locuzione τὸ ἐν ἑαυτῷ ἐτάζον, ' il ricercante in se stesso ', significa che questo, pure essendo un solo, vien chiamato in due modi, sicchè da un'unica locuzione sieno venuti fuori due nomi, ἐνιαυτός ed ἔτος.

Er. Ma davvero, Socrate, tu fai di gran progressi in codesta dottrina.

---

(1) Non ho tenuto conto delle parole che nel testo seguono, chiuse in parentesi quadre, perchè sono evidentemente una glossa.

So. Pare anche a me d'andare a gran passi sulla via della sapienza.

Er. Ma senza dubbio.

So. E lo dirai anche più tra poco.

XXVI. — *Er.* Senonchè, dopo questi, io, per me, con- 411 templerei volentieri se e con quanta giustezza sieno stati attribuiti que' bei nomi che si riferiscono alla virtù, come, ad esempio, φρόνησις, 'intelligenza', σύνεσις, 'comprensione', δικαιοσύνη, 'giustizia', e tutti gli altri dello stesso genere.

So. Tu desti, amico mio, tutta una genia di nomi non di poco momento. Tuttavia, poichè mi son rivestito della pelle del leone (1), non devo perdermi d'animo, ma investigare, com'è naturale, non solo quelli accennati da te, ma anche γνώμη, 'opinione' o 'sentenza', ἐπιστήμη, 'conoscenza' o 'scienza', e tutti quegli altri che tu dici bei nomi.

Er. Certo, non dobbiamo smettere prima d'averne fatto l'esame.

So. In verità, giuralcane, credo di non essere stato cattivo indovino nel supporre, com'anche or ora avevo in mente, che a quegli antichissimi uomini, che imposero i nomi, fosse capitato proprio quello che ai più tra' sapienti d'oggidì, i quali per effetto del continuo volgersi di qua e di là cercando come stieno realmente le cose, finiscono per averne le vertigini; e quindi per credere che sieno le cose quelle che girano e si muovono in ogni senso. E di questa loro opinione accagionano non già l'intima disposizione del loro animo, bensì la natura delle cose in sè, di cui nessuna, a parer loro, è stabile e ferma, ma tutte fluiscono e si muovono e son piene d'ogni sorta di moto e di generazione sempre; e dico ciò, riflettendo a tutti codesti nomi or ora accennati.

Er. O come sarebbe a dire, Socrate?

---

(1) Allusione alla nota favola esopica dell'asino che crede di far paura perchè s'è rivestito d'una pelle leonina.

So. Forse non hai posto mente a ciò che s'è detto: che, cioè, i nomi sono stati attribuiti alle cose addirittura come se queste si movessero e fluissero e divenissero tutte.

Er. È vero; non ci avevo fatto riflessione.

So. Eppure, il nome che abbiamo enunciato per il primo suppone che le cose stieno addirittura così.

Er. E quale?

So. Φρόνησις, ' intelligenza ', equivale a φορᾶς καὶ ῥοῦ νόησις, ' intendimento di moto e di flusso '. E ci si può anche vedere una ὄνησις φορᾶς, una ' utilità di moto '. Comunque, è sempre in relazione con φέρεσθαι, ' esser portato ' o ' moversi '. E, se vuoi, la γνώμη, ' opinione ' o ' sentenza ', vuol dire in sostanza γονῆς νώμησις, ossia ' indagine di generazione ', giacchè νωμᾶν significa ' studiare ' o ' indagare '. Anzi, se vuoi, la stessa νόησις è νέου ἕσις, ossia ' desiderio di novità '; e l'esser νέα, cioè ' nuove ', le cose, importa che si generino sempre. Chi dunque pose questo nome di νεόεσις volle significare che l'anima aspira sempre a qualcosa di nuovo; e difatti anticamente non si diceva νόησις, ma νοέεσις, con due ε invece di η. Σωφροσύνη, poi, ' saggezza ', è σωτηρία, è ' salvezza ', ' salvaguardia ' di quella che or ora abbiamo presa in esame, cioè della φρόνησις, dell' ' intelligenza '. E l'ἐπιστήμη, la ' conoscenza ' o la ' scienza ', indica che l'anima, quando abbia valore, ἕπεται, ' segue ' dappresso le cose che sono in continuo moto, e nè se ne lascia precorrere, nè se le lascia dietro; e però, inserendovi un ε, bisogna darle nome ἐπεϊστήμη. Σύνεσις, ' comprensione ', a sua volta parrebbe così, ad occhio e croce, equivalente a συλλογισμός, ' conclusione '; e quindi, allorchè uno dica συνιέναι, gli è come se dicesse proprio lo stesso che ἐπίστασθαι, ' comprendere ', giacchè συνιέναι vuol dire l'anima ' procedere insieme ' con le cose. Quanto a σοφία, ' sapienza ', questo nome implica ἐφάπτεσθαι φορᾶς, ' attingere il moto '; ma è alquanto oscuro e strano. Senonchè bisogna ricordarsi che i poeti, in più luoghi, di qualcuna di quelle cose che si mettono in moto rapidamente, dicono ἐσύθη, ' balzò di colpo '. E un Lacone di grande rinomanza, < un re >, aveva nome Σοῦς, che è il vocabolo con cui i Lacedemoni designano il movimento rapido. Σοφία dunque significa σοῦ ἐπαφή, 'attingimento di moto', nel presupposto che le cose si muovano. Ἀγαθόν, poi, 'bene' o 'buono', è il nome che vuol essere attribuito a ciò che d'ἀγαστόν, d' 'ammirabile', esiste in tutta la natura, perchè in realtà tutti gli enti camminano, ma alcuni velocemente, altri lentamente. Però non tutto il veloce è ἀγαστόν, ma solo una parte di esso. Orbene, a quella parte del θοόν, del 'veloce' che è ἀγαστόν, si dà questo nome τἀγαθόν.

XXVII. — Il nome δικαιοσύνη 'giustizia', com'è facile capire, importa δικαίου σύνεσις, cioè 'intendimento del giusto'; difficile invece è concepire che cosa sia 'il giusto', τὸ δίκαιον, in sè. Giacchè pare che fino ad un certo punto si consenta da molti, ma più in là sorgano de' dissensi. E in effetti, quanti ritengono che il tutto sia in moto, sono d'opinione che il più ne sia tale da non consistere in altro che in un mutar posto; che però attraverso questo tutto ci sia qualcosa che scorra, mediante il quale si generi tutto ciò che si genera; e che questo sia velocissimo e sottilissimo, giacchè non potrebbe, pensano, andare attraverso tutto l'ente, se non fosse sottilissimo tanto che nulla gli faccia ostacolo, e velocissimo tanto da valersi delle altre cose come se stessero ferme. Cosicchè, dal momento che governa le altre cose tutte διαϊόν, 'permeandole', fu giustamente chiamato con questo nome di δίκαιον, assuntosi l'appoggio d'un κ per comodità di pronuncia. E fin qui, come dianzi dicevo, da molti si consente che questo sia τὸ δίκαιον, il 'giusto'. Ma io, Ermógene, 413 a cui la giustizia sta molto a cuore, ho pur sentito dire in segreto, che questo giusto è anche la causa, giacchè quello δι' ὅ, 'per cui', tutto si genera, è appunto la causa; onde qualcuno diceva che perciò gli stesse bene di chiamarlo Dia o Zeus. Senonchè io, udito ciò, non me ne contento, ma ridomando a mia volta con calma: Ebbene, mio ottimo uomo, se così è, che cosa mai è il giusto? E così ho l'aria di chiedere più che non convenga e d'eccedere i limiti, perchè dicono che io ne ho già saputo abbastanza; ma, volendo addirittura saziarmi, chi aggiunge una cosa e chi un'altra; e allora non si trovano più d'accordo. Così l'uno mi dice che il giusto è il sole, perchè questo soltanto διαϊών, ' permeando ', e κάων, ' bruciando ', governa gli esseri; e quando, lieto come d'avere udito qualcosa di bello, ripeto ad un altro questa sentenza, costui all'udirlo si ride di me, e mi domanda s'io pensi che non esista più nulla di giusto nel mondo, dopo il tramonto del sole. E poichè io insisto perchè lo dica lui, mi risponde che è il fuoco; e questo non è facile intenderlo. Un altro però afferma che non è già il fuoco in sè, ma il calore in sè che è nel fuoco. Ma un altro dichiara di ridersi di tutte queste ciance; e che il giusto è ciò che dice Anasságora: è, cioè, la mente, poichè questa, egli afferma, padrona assoluta di sè e non mescolata con nulla, da sè ordina tutte le cose, penetrandole tutte (1). A questo punto, caro mio, io mi vedo in un impaccio ben più grande che non fossi prìma d'aver tentato di apprendere del giusto ciò che mai sia. Ma in fin de' conti — ed era quello che ci proponevamo d'indagare — queste, pare, sono le ragioni per cui al giusto fu posto un tal nome.

Er. Però, s'io non m'inganno, Socrate, codeste cose devi averle sentite da un altro e non le improvvisi da te.

So. Ma e le altre?

Er. Oh! quelle no davvero.

---

(1) Platone « dice che tutti (i fautori del moto) consentissero nel ritenere il giusto un elemento sottilissimo penetrante dappertutto nella natura e causa in questa di ogni moto; nel qual moto consista ogni nascere e perire delle cose. Ma nel definire che mai fosse questo elemento, dissentivano. I dissensi che nota, son questi: altri sosteneva che fosse il sole, altri il fuoco, altri il calore. Queste sono a lui tre scuole diverse, ma che pure hanno qualche affinità l'una coll'altra; dal sole, di fatti, al fuoco e da questo al calore v'è un assottigliamento e un trapasso naturale. Però, quelli che dicevano causa il fuoco, non sono gli stessi di quelli, che dicevano causa e giusto il calore, quantunque Eraclitei gli uni e gli altri. A tutti quanti questi, poi, Platone contrappone Anassagora. » (BONGHI)

XXVIII. — *So*. Ebbene, sta' attento, chè forse anche le rimanenti potrei darti ad intendere che non le dico per averle sentite. Dopo la giustizia di che ci resta a parlare? Dell'ἀνδρεία, del 'coraggio', credo, non ci siamo ancora occupati. L'ἀδικία, l' 'ingiustizia', è evidentemente ἐμπόδισμα τοῦ διαϊόντος, 'impedimento di ciò che penetra attraverso'; laddove l'ἀνδρεία, il 'coraggio', accenna come se il nome l'avesse avuto in battaglia. Orbene, se davvero ogni cosa 'fluisce', ῥεῖ, questa battaglia non può intendersi se non come una ἐναντία ῥοή, un 'flusso contrario'. Se dunque si elimini il δ dal nome ἀνδρεία, s'avrà ἀνρεία che indica precisamente questo. Nondimeno è chiaro che non il flusso contrario a qualsiasi flusso è coraggio, ma quello che si oppone al flusso contrario al giusto; altrimenti il coraggio non sarebbe cosa lodevole. Così 414 del pari ἄρρεν, 'virilità', e ἀνήρ, 'uomo', accennano a qualcosa di simile, ad una ἄνω ῥοή, ad un 'flusso verso l'alto'. Γυνή poi, 'donna', pare a me che voglia significare, γονή, 'generazione'; e θῆλυ, 'femminile', è detto così, ritengo, da θηλή, 'mammella'; e la θηλή, Ermógene, non credi tu che fosse chiamata con tal nome perchè fa 'esser fiorente', τεθηλέναι, come le piante che s'inaffiano?

Er. È verosimile, Socrate.

So. E questo medesimo θάλλειν, questo 'fiorire', mi pare che raffiguri il crescere dei giovani in quanto è rapido e quasi improvviso. Ed è ciò che < il legislatore > volle imitare col nome componendolo di θεῖν, 'correre', e ἄλλεσθαι, 'saltare'. Ma ecco: tu non t'accorgi com'io mi lasci trasportare fuor della pista, non appena riesco a mettermi per una via facile (1). Eppure c'è ancora molti punti che paiono meritevoli di studio.

Er. È vero.

So. E uno di questi è vedere ciò che mai anche τέχνη, 'arte', voglia dire.

Er. Sicuro.

----

(1) Vuol dire: com'io corra dietro ad etimologie facili, quando ce n'è di più difficili da indagare.

So. E τέχνη non significherà ἕξις νοῦ, 'abito di mente', quando se ne elimini il τ, e s'inserisca un o tra il χ e il ν e tra < il ν e > l'η?

Er. Che terreno sdrucciolevole, Socrate, < è quello su cui ti metti! >

So. Benedetto uomo, e non sai che i primi nomi imposti alle cose sono stati ormai seppelliti da quelli che volevano dar loro un'aria solenne, aggiungendovi o eliminandone delle lettere per facilitarne la pronuncia, e rivoltandoli per ogni verso, e col proposito d'abbellirli e per l'azione del tempo? Poichè in κάτοπτρον, 'specchio', non [ti] pare strana l'inserzione del ρ? Ora, mutamenti siffatti li introducono, a parer mio, quelli che della verità non si danno alcun pensiero, ma si rifanno la bocca; cosicchè, inserendo parecchi elementi nella forma originaria de' nomi, finiscono per trasformarli a tal segno, che nessuno è più in grado di capire che cosa vogliano significare. Così, per esempio, anche la Sfinge, invece di Φίξ la chiamano Σφίγξ (1); e lo stesso avviene in molti altri casi.

Er. Proprio così, Socrate.

So. Però, d'altra parte, se si lascerà che ognuno a piacer suo modifichi i nomi inserendovi o togliendone delle lettere, la facilità sarà grande, ed ognuno potrà adattare qualsiasi nome a qualsiasi cosa.

Er. È vero.

So. Sì, è vero. Però spetta a te, credo, da savio presidente, procurare che non si trasgredisca la misura e la verisimiglianza.

Er. Ben lo vorrei.

XXIX. — *So*. E anch'io, Ermógene, lo voglio con te. 415 Ma, divino amico, non guardar troppo per il sottile, perchè n o n m i s i f i a c c h i l ' a r d i r e (2). Io, bada, toccherò la vetta del ragionamento soltanto allorchè dopo τέχνη, 'arte', avremo esaminato μηχανή,

---

(1) Φίξ è la forma beotica e dorica del nome Σφίγξ; cfr. HES. *Theog.* v. 326.

(2) Cfr. HOM. *Il.* VI 265.

'mezzo', 'espediente'. Giacchè questa parola sembra a me che voglia dire ἄνειν ἐπὶ πολύ, 'procedere un buon tratto'. E in effetti μῆκος, 'lunghezza', accenna suppergiù a distanza; e da tutte e due queste voci: μῆκος e ἄνειν, deriva il nome μηχανή. Senonchè, come or ora dicevo, bisogna salire alla vetta del ragionamento, perchè s'ha da indagare che cosa vogliano dire i nomi ἀρετή, 'virtù', e κακία, 'vizio'. Di questi l'uno non lo vedo ancora chiaro, l'altro a me pare evidente, perchè consuona con le cose già dette. Se difatti le cose sono in continuo moto, tutto il 'malamente andante', il κακῶς ἰόν, dovrebbe esser κακία, cioè 'vizio'. E allorchè questo malamente andare verso le cose sia nell'anima, allora soprattutto, prendendo la denominazione dell'intero, si dice κακία. Orbene, ciò che sia questo malamente andare, a parer mio, si vede chiaro anche in δειλία, 'viltà', vocabolo che non s'è ancora esaminato, ma s'è saltato, mentre avremmo dovuto esaminarlo dopo ἀνδρεία, 'coraggio'. E credo anzi che ne abbiamo saltato anche parecchi altri. Ora, la 'viltà', la δειλία, significa 'legame gagliardo', δεσμὸς ἰσχυρός, dell'anima, perchè λίαν, 'troppo', importa gagliardia, sicchè, in fin de' conti, la δειλία sarebbe il δεσμὸς ὁ λίαν, cioè il legame più forte e il maggiore dell'anima; com'anche l'ἀπορία, la 'difficoltà di progredire', è male; ed è, s'intende, tutto ciò che riesca d'impedimento all'andare e al progredire. Pare dunque che il κακῶς ἰέναι, il 'malamente andare' innanzi, esprima appunto questo: il procedere in maniera rattenuta ed impacciata, che è ciò che, quando l'anima l'abbia, fa sì ch'ella diventi piena di vizio. Ma se κακία è il nome che spetta ad una siffatta condizione dell'anima, l'ἀρετή, la 'virtù', dovrebbe esserne l'opposto, significando in primo luogo la εὐπορία, la 'facilità di progredire' dell'anima buona, e poi che la sua 'corrente', la ῥοή, non è rattenuta da ostacoli; cosicchè ciò che ἀσχέτως ed ἀκολύτως ἀεὶ ῥεῖ, ciò che 'senza impacci' e 'remore sempre fluisce', ha preso questo nome d'ἀρετή, che più propriamente avrebbe dovuto suonare ἀειρείτη, ' sempre fluente '; [e può darsi che valga αἱρετή, ' eletta ', com'abito, ch'essa è, da eleggere più d'ogni altro]; ma s'è contratto ed è divenuto ἀρετή. E forse tu dirai di nuovo ch'io arzigogolo; ma se ciò che dianzi ho detto di κακία sta bene, starà bene anche questo nome di ἀρετή.

416   *Er.* Ma e poi il nome κακόν, ' cattivo ', mediante il quale hai spiegato parecchi de' nomi precedenti, che cosa vuol dire?

So. Strano, per Zeus, e difficile ad intendere pare a me questo nome. Sicchè anche per esso io ricorro a quel tale espediente.

Er. Cioè?

So. Di dire che anche questa è parola barbarica.

Er. E mi pare che tu abbia ragione. Ma se così pensi, lasciamolo pure; e proviamoci a vedere che buon fondamento abbiano il καλόν, il ' bello ', l' ' onesto ', e l'αἰσχρόν, il ' brutto ', il ' turpe '.

So. Ebbene, che cosa voglia dire αἰσχρόν a me sembra chiarissimo; chè anch'esso concorda con ciò che prima s'è detto. Giacchè pare a me evidente che chi pose i nomi considerò addirittura come biasimevole tutto quello che impedisce e rattiene gli enti dal fluire, e perciò τῷ ἀεὶ ἴσχοντι τὸν ῥοῦν, ' a quel che sempre rattiene il corso ' delle cose mise questo nome di ἀεισχορροῦν, che oggidì, avendolo contratto, dicono αἰσχρόν.

Er. E il καλόν poi, il ' bello ', che è mai?

So. Questo è più difficile ad intendere (1). Eppure parla da sè; si è alterato solo per armonia e nella lunghezza dell'o.

Er. O come?

So. Pare che questo nome sia una designazione del pensiero.

Er. In che senso?

So. Orsù, quale credi tu che sia per ciascun ente la causa dell' ' esser chiamato ', κληθῆναι, in un certo modo? Non ciò che ha messo i nomi?

____

(1) Nuovo accenno al proverbio: le cose belle sono difficili.

Er. Senza dubbio.

So. E questo sarebbe o il pensiero degli dei o il pensiero degli uomini, o d'entrambi insieme?

Er. Sì.

So. Dunque, ciò che ha dato nome alle cose, ' ciò ', insomma, ' che le ha chiamate ', τὸ καλέσαν, e ' ciò che le chiama ', τὸ καλοῦν, sono la stessa cosa, cioè il pensiero?

Er. Pare.

So. Dunque, anche tutte le cose prodotte dalla mente e dal pensiero, queste sono le lodevoli; quelle che no, biasimevoli?

Er. Certamente.

So. Sicchè ciò che è atto a sanare produce cose atte a sanare, e ciò che è atto a costruire cose atte a costruire? O come dici (1)?

Er. Per me, dico proprio così.

So. E ' ciò che denomina ', τὸ καλοῦν, fa cose ' degne d'esser denominate ', cioè ' belle ', καλά?

Er. Necessariamente.

So. Ed è, come affermiamo, il pensiero?

Er. Appunto.

So. Giustamente dunque il καλόν è la denominazione propria dell'intelligenza, che produce cose siffatte che siamo lieti di chiamar belle.

Er. Pare.

XXX. — *So.* E così, di quali altri nomi dello stesso genere ci rimane a dire?

Er. Di quelli che pur si riferiscono al bene ed al bello, come συμφέρον, ' conferente ', λυσιτελοῦν, ' utile ',

---

(1) Il Bonghi nota che forse sarebbe stato preferibile tradurre ἰατρικόν ' sanativo ' e τεκτονικόν ' costruttivo ', se queste espressioni non gli fossero parse più conformi alla natura del linguaggio greco che al nostro. Nel ragionamento platonico, egli dice, « il *sanativo*, il *costruttivo*, il *bello* son del pari considerate come *cause*; e cause, sì perchè creano, sì perchè hanno esse in sè ciò che creano; sicchè nei due primi la terminazione ικόν esprime un'attività immanente, e sono effetti loro le cose risanate, le cose costrutte, le cose belle, espresse le due prime cogli stessi aggettivi, perchè si riproduce in esse la stessa attività immanente, uno stato, quali sono gli effetti loro ».

ὠφέλιμον, ' vantaggioso ', κερδαλέον, ' lucroso ', e î loro contrari.

So. Ebbene, quanto a συμφέρον, ' conferente ', lo troveresti da te, riflettendoci, dopo quello che s'è detto dianzi, perchè sembra in certo qual modo fratello della conoscenza. Poichè non significa altro che l'ἅμα φορά, il ' simultaneo moto ' dell'anima con le cose; ed è verosimile che le cose da ciò prodotte sieno chiamate συμφέροντα e σύμφορα, cioè, ripeto, ' conferenti ', ' confacenti ', appunto da questo loro συμπεριφέρεσθαι, da questo loro ' muoversi in giro insieme '. Κερδαλέον poi, ' lucroso ', è da κέρδος, ' lucro '; e κέρδος a sua volta manifesta ciò che vuol dire a chi gli renda un ν in cambio del δ, giacchè sotto altra forma denota il bene. Poichè infatti questo ' si mescola ', κεράννυται, a tutte le cose compenetrandole, < il legislatore > gli pose un nome che denota principalmente questo suo potere. Senonchè, introdottovi un δ in luogo del ν, lo pronunciò κέρδος.

Er. E λυσιτελοῦν, ' utile ', che vorrebbe dire?

So. È naturale, Ermógene, che λυσιτελοῦν, ' utile ', non sia già da intendere come l'usa il bottegaio, quando rilascia la quietanza della spesa; bensì che il bene, essendo ciò che v'ha di più veloce nell'essere, non lascia che le cose si fermino, nè che il moto si arresti e cessi per aver conseguito il τέλος, il ' termine ' del muoversi; ma perchè ne lo λύει, ne lo ' scioglie ' sempre, allorchè un termine qualsiasi cominci a produrvisi, e lo rende incessante ed immortale; per questo motivo come un augurio, mi pare, egli, il legislatore, il bene lo disse λυσιτελοῦν, ' utile '; perchè, insomma, λύει τὸ τέλος, ' scioglie il termine ' del moto, lo denominò, credo, λυσιτελοῦν. Ὠφέλιμον, invece, ' vantaggioso ', è nome forestiero; e ad esso Omero accenna più volte, però col verbo ὀφέλλειν, che è designazione del ' crescere ' e ' vantaggiarsi ' (1).

---

(1) Leggo πλέον ποιεῖν in luogo di ποιεῖν che non pare dia senso.

XXXI. — *Er.* E i nomi contrarî a questi come ce li spiegheremo?

So. Tutti quelli, che ne sono la negazione, pare a me che non occorra spiegarli.

Er. E quali sono?

So. 'Ασύμφορον, 'non conferente', ἀνωφελές, 'non vantaggioso', ἀλυσιτελές, 'non utile', ἀκερδές, 'non lucroso'.

Er. È vero.

So. Ma βλαβερόν, 'nocivo', e ζημιῶδες, 'dannoso', sì.

Er. Appunto.

So. Quanto a βλαβερόν, esso vuol dire βλάπτον τὸν ῥοῦν, 'che nuoce al flusso' delle cose, e βλάπτον a sua volta significa βουλόμενον ἅπτειν, 'che vuole annodare', dacchè ἅπτειν 'annodare' e δεῖν, 'legare', sono lo stesso; e questo è ciò che < il legislatore > in ogni caso biasima. Τὸ βουλόμενον ἅπτειν ῥοῦν, 'quello', cioè, 'che vuole arrestare il flusso', nella forma più giusta dovrebb'essere βουλαπτεροῦν; ma, rabbellito, secondo me, s'è detto βλαβερόν.

Er. I nomi, Socrate, t'escono variamente modulati dalla bocca, e m'è parso di sentire come il suono del flauto nel preludio al *nomos* d'Atena (1), quando hai pronunciato il vocabolo βουλαπτεροῦν.

So. Il merito non è mio, Ermógene, ma di quelli che posero i nomi.

Er. È vero. Ma ζημιῶδες, poi, 'dannoso' come si può spiegare?

So. Come si può spiegare ζημιῶδες? Osserva, Ermógene, come io dica la verità, dicendo che con l'aggiunger lettere o levarne, gli uomini alterano grandemente il significato de' vocaboli, talchè, anche modificandoli appena, fanno sì che talvolta dicano addirittura il contrario, come ad esempio per τὸ δέον, 'il necessario', 'il dovere'. A questo pensiero, che

418

---

(1) Il *nomos* era una composizione musicale, in origine di carattere solenne e religioso e destinata a celebrare soprattutto le imprese d'Apollo.

avevo già in mente, sono stato dianzi richiamato da
ciò che ero per dirti: che questa nostra lingua moderna,
senza dubbio bella, ha pur volto in senso contrario
il significato di δέον e di ζημιῶδες, facendone scompa-
rire il concetto, mentre l'antica manifesta ciò che
così l'uno come l'altro nome vuol dire.

Er. A che accenni?

So. Ecco: tu sai che i nostri antichi facevano un
uso assai largo dell'ι e del δ, massime le donne, che
più di tutti serbano l'antica parlata. I moderni invece
mutano l'ι in ε ovvero in η, e il δ in ζ, come suoni più
magnifici.

Er. Ma come?

So. Per esempio, i più antichi il 'giorno', lo dicevano chi ἱμέρα, e chi poi ἑμέρα, mentre i moderni dicono
ἡμέρα (1).

Er. Così è.

So. Ebbene, sai tu che soltanto quella forma
arcaica del nome, manifesta il pensiero di chi lo pose?
Difatti, perciò che agli uomini lieti e 'desideranti',
ἱμείροντες, dalla tenebra spuntò la luce, per questo
essi il 'giorno' lo chiamarono ἱμέρα.

Er. È chiaro.

So. Ora invece, travestito alla tragica, non puoi
nemmeno indovinare che cosa importi ἡμέρα. Tuttavia alcuni pensano che, poichè il giorno rende 'man-
sueti', ἥμερα, gli esseri, per questo fu detto ἡμέρα.

Er. Mi pare.

So. E anche di ζυγόν, 'giogo', sai che gli antichi
lo chiamavano δυογόν, 'doppio tiro'?

Er. Sicuro.

So. Ora, il vocabolo ζυγόν non significa nulla,
mentre in δυογόν, derivante da δύο, 'due', e ἀγωγή,
'tiro', si vede chiara la ragione per cui gli fu posto
un tal nome. Oggidì però il δυογόν s'è alterato in
ζυγόν; e così è avvenuto di tante altre voci.

---

(1) Di questo luogo si occupò il D'Ovidio in una memoria intitolata: Di un luogo di Platone addotto a prova dell'antichità dell'itacismo' e inserita nelle Memorie della
R. Accademia di scienze morali e politiche di Napoli (1890).

Er. Pare.

So. Dunque, allo stesso modo, il δέον, profferito così, a prima vista ha un significato contrario a tutte quelle parole che accennano a bene, giacchè il δέον, pure essendo idea di bene, par che sia δεσμός, 'legame' e impedimento di moto, quasi fratello di βλαβερόν, 'nocivo'.

Er. È vero, Socrate; pare proprio così.

So. Non però, se si usi il nome antico, che è probabile sia molto meglio appropriato che non quello d'ora, anzi s'accorderà perfettamente coi nomi di prima indicanti il bene, quando in cambio dell'ε tu gli renda l'ι, come in antico, giacchè così significa διϊόν, 'ciò che va attraverso', ma non δέον, 'ciò che lega'; significa insomma il bene, che è ciò che il legislatore loda. E a questo modo chi poneva i nomi non contradice a se stesso; ma δέον e ὠφέλιμον e λυσιτελοῦν e κερδαλέον e ἀγαθόν e συμφέρον ed εὔπορον appaiono la stessa cosa, la quale con nomi differenti significa che quello, che ordina il tutto e va dappertutto, è oggetto di lode; quello invece che rattiene e lega, di biasimo. E del pari anche ζημιῶδες, 'dannoso', se conforme all'antica lingua tu gli renda il δ in cambio dello ζ, ti parrà che il nome δημιῶδες gli fosse stato messo ad indicare τὸ δοῦν τὸ ἰόν, 'ciò che lega quello che va'. 419

XXXII. — *Er.* E che cosa voglion dire ἡδονή, 'piacere', λύπη, 'dolore, ἐπιθυμία, 'desiderio', e altrettali nomi, Socrate?

So. Non mi paiono gran che difficili, Ermógene. In effetti quanto a ἡδονή, 'piacere', è probabile che l'azione la quale tende all'ὄνησις, al 'giovamento', abbia avuto questo nome, con l'inserzione, beninteso, del δ per cui ἡονή è divenuto ἡδονή. E λύπη, 'dolore', è credibile che abbia avuto nome dalla διάλυσις, dal 'dissolvimento', che il corpo soffre in quella sua 'passione', in quel suo πάθος. 'Ανία poi, 'angoscia', è ciò che è impedimento dell' ἰέναι, dell' 'andare' avanti;

e ἀλγηδών, 'tristezza', sembra a me qualcosa d'esotico, che prese nome dall'ἀλγεινόν, dal 'doloroso'. Ὀδύνη, 'sofferenza', 'doglia', si direbbe così chiamata dall'ἔνδυσις, dalla 'penetrazione' del dolore. Nel nome ἀχθηδών, 'rincrescimento' < da ἄχθος, 'peso' >, non si può non veder raffigurata la gravità del moto. Χαρά, 'gioia', pare fosse stata detta così dalla διάχυσις, dalla 'diffusione' e facilità d'espandersi della ῥοή, del 'flusso' dell'anima. Τέρψις, 'diletto', è dal τερπνόν, dal 'dilettevole'; e il τερπνόν ebbe un tal nome dal 'serpeggiamento', dall'ἔρψις attraverso l'anima, serpeggiamento rassomigliato ad una πνοή o 'soffio'; sicchè giustamente il nome doveva essere ἔρπνουν, che per effetto del tempo s'è trasformato in τερπνόν. Di εὐφροσύνη, 'letizia', non c'è punto bisogno che se ne spieghi il perchè; ognuno infatti deve riconoscere aver preso questo nome — che propriamente sarà stato εὐφεροσύνη — dall'εὖ συμφέρεσθαι, dal 'ben moversi insieme' dell'anima con le cose. Nè ἐπιθυμία, 'desiderio', è difficile ad intendere, poichè è chiaro che fu così chiamata la facoltà ἐπὶ τὸν θυμόν ἰοῦσα, vale a dire la facoltà 'che assale l'anima'; come θυμός, 'animo', dev'essere stato denominato dalla θύσις, dal 'fervore' e sobbollimento dell'anima. Ἵμερος, 'desiderio amoroso' o 'brama', prese invece nome da quel ῥοῦς o 'flusso' che soprattutto trascina l'anima; e perchè ἱέμενος ῥεῖ καὶ ἐφιέμενος, 'impetuoso fluisce e bramoso' delle cose, e

420 così trasporta violentemente l'anima attratta dall'ἔσις τῆς ῥοῆς, cioè dal 'desiderio del moto'; da tutto questo suo potere appunto fu chiamato ἵμερος. Πόθος, a sua volta, che vale anch'esso 'desiderio' o 'brama', non è di qualcosa presente, ma di alcunchè ἄλλοθί που ὂν καὶ ἀπόν, 'altrove essente e lontano'; donde ha tratto nome di πόθος quel moto dell'anima il quale, allorchè sia presente l'oggetto bramato, si dice ἵμερος; ma quando non sia, questo medesimo sentimento è chiamato πόθος. Ἔρως poi è 'amore' che εἰσρεῖ ἔξωθεν, 'fluisce dentro dal di fuori' nell'anima; e perchè questo flusso non è proprio di chi l'ha, ma introdotto-

visi attraverso gli occhi, perciò dall'ἐσρεῖν, 'fluir dentro', in antico fu detto ἔσρος — usavano allora l'o in cambio dell'ω — e si dice oggidì ἔρως per la sostituzione dell'ω all'o... Ma quali nomi, a parer tuo, dobbiamo ancora esaminare?

Er. Che ti pare di δόξα, 'opinione', e d'altre voci simili?

So. Δόξα, 'opinione', fu così denominata o dalla δίωξις, dall' 'inseguimento', in cui l'anima procede inseguendo il sapere come stieno le cose, o dal lancio del τόξον, dell' 'arco'; parrebbe anzi più da questo che da quello; con esso almeno consuona οἴησις, 'congettura', che accenna, pare, all'οἶσις, all' 'andata', al 'moto' dell'anima verso ogni cosa, per conoscere quale ciascuna sia; come del pari βουλή, 'volontà', richiama βολή, 'lancio', e βούλεσθαι, 'volere', equivale ad ἐφίεσθαι, 'desiderare', e così anche βουλεύεσθαι, 'deliberare'. Tutti questi nomi, che fanno seguito a δόξα, paiono immagini di βολή, 'lancio'; mentre, al contrario, l'ἀβουλία, 'il difetto di volontà e di consiglio', sembra essere ἀτυχία, 'infortunio', anzi propriamente 'difetto di successo', come d'uno che non ἔβαλεν, non 'colpì', nè ἔτυχεν, 'colse' quello a cui mirava e che desiderava e di cui si consigliava e si struggeva.

Er. Di queste voci, Socrate, mi pare che tu ti sbrighi più alla lesta.

So. Gli è che corro verso la fine. Voglio però venir prima a capo d'ἀνάγκη, 'necessità', che va di conserva co' precedenti; e di ἑκούσιον, ossia 'volontario'. L'ἑκούσιον dunque può esprimere col suo nome τὸ εἶκον, 'ciò che cede', e non è riluttante, ma, come dico, εἶκον τῷ ἰόντι, 'cedente a ciò che va'; sicchè indicherebbe ciò che avviene secondo il volere. L'ἀναγκαῖον, il 'necessario', invece, e riluttante, contrastando al volere, sarebbe qualcosa d'assai prossimo all'errore e all'ignoranza; ed è assomigliato ad un camminare attraverso gli ἄγκη, le 'valli selvose', perciò che queste, difficili e aspre e impervie, rattengono dall'andare innanzi. E di qui forse fu detto ἀναγκαῖον, dalla somiglianza al camminare attraverso una di codeste valli... Ma su, finchè la forza ci assiste, profittiamone. E tu pure non smettere, ma interroga.

XXXIII. — *Er*. Certo, ti domanderò de' nomi più importanti e più belli di tutti: dell'ἀλήθεια, ' verità ', dello ψεῦδος, ' menzogna ', dell'ὄν, ' ente ', e di questa medesima parola ' nome ', ὄνομα, di cui stiamo ragionando, perchè mai sia stato detto così.

So. Di' su: μαίεσθαι non vuol dire per te qualche cosa?

Er. Sì, il ' cercare '.

So. Ebbene, codesto ὄνομα m'ha l'aria d'un vocabolo contratto da una proposizione, la quale esprima che ὄνομα è ὄν οὗ μάσμα ἐστίν, cioè ' ente di cui si fa ricerca '. E puoi intenderlo meglio in ciò che diciamo l' ὀνομαστόν, il ' nominato ', perchè in questa parola la traccia, lasciatavi da μάσμα, risulta anche più evidente (1). L'ἀλήθεια poi, la ' verità ', è pure un nome somigliante agli altri [nell'essere una locuzione contratta], poichè pare che con questo vocabolo ἀλήθεια sia indicato il divino moto dell'essere come un'ἄλη θεία, come una ' agitazione divina '. Lo ψεῦδος, la ' menzogna ', è il contrario del moto, perchè daccapo si torna a vituperare ciò che è rattenuto e costretto a starsene fermo, ed è assomigliato a' ' dormienti ', a' καθεύδοντες; senonchè lo ψ, che vi s'è appiccicato come iniziale, nasconde il significato del nome. Quanto ad ὄν, ' ente ', e οὐσία, ' essenza ', s'accordano col concetto di verità quando riprendano l'ι perduto. Giacchè l'ὄν, significa l'ἰόν, ' quello che va ', e a sua volta l'οὐκ ὄν, il ' non ente ', l'οὐκ ἰόν — come anche alcuni lo dicono (2) — ' ciò che ', viceversa, ' non va '.

Er. Codesti nomi, Socrate, tu li hai, mi pare, ana-

____

(1) Ho tradotto liberamente questo periodo per mettere in maggiore evidenza l'etimologia socratica.

(2) Il Buttmann sospetta che il volgo usasse οὐκιόν per οὐκ ὄν nel senso di ' niente '. Il Bonghi invece pensa che fossero gli Eraclitei, i quali considerando l'essere come sempre in moto, dicessero addirittura οὐκ ἰόν

lizzati con molta bravura. Però, se uno ti chiedesse: «Questo ἰόν, ' che va ', e ῥέον, ' che fluisce ', e δοῦν, ' che lega ', che giustezza hanno questi nomi... ».

So. Che cosa gli risponderemmo, vuoi dire? Non è così?

Er. Precisamente.

So. Ebbene, una risposta ce la siamo già preparata poc'anzi così da darci l'aria nel rispondere di dire pur qualche cosa.

Er. E qual è codesta risposta?

So. Affermare che ciò che non conosciamo è alcunchè di barbarico. E può darsi che qualcuno di codesti vocaboli sia in realtà tale, come può darsi che per l'antichità i primi tra' nomi sieno imperscrutabili; giacchè, per essere stati i nomi voltati e rivoltati in ogni senso, nessuna meraviglia se la vecchia voce non differisce oramai più in nulla da quella oggidì adoperata da' barbari.

Er. Non è assurdo quello che dici.

So. Dico dunque cose verosimili. Però questa non mi sembra una gara da ammetter pretesti, bensì da porcisi d'impegno per vederci chiaro. Riflettiamo un po': se uno ci domanderà sempre da quali parole sia derivato un nome, e di nuovo poi vorrà sapere da quali altre siano derivate quelle, e non cesserà mai dall'insistere; non è giuocoforza che a un certo momento chi risponde finisca per non poterne più?

Er. A me così pare.

So. Orbene, quand'è che colui il quale si rifiuta 422 di rispondere perchè non ne può più, avrebbe ragione di smettere? Non forse quando giunga a que' nomi che sono come elementi degli altri, sieno nomi o sieno proposizioni? Giacchè, credo, non è più giusto che questi, quando sieno elementi, ci si rivelino composti da altri nomi. Per esempio, poco fa dicevamo che

---

per οὐκ ὄν, il che per verità mi par poco probabile. Non potrebbe piuttosto intendersi che Socrate giochi qui sull'ambiguità della pronunzia οὐχί ὄν — forma ionica per l'attico οὐχί ὄν — dove l'ι non serve che a rafforzare la negazione?

l'ἀγαθόν, il ' bene ' o il ' buono ', consta dell' ἀγαστόν,
' ammirabile ' e del θοόν, ' veloce '; e del θοόν forse potremmo dire che sia composto da altre parole, e queste
ancora da altre. Ma quando ci avvenga di porre la
mano su un nome che non sia un composto di altri,
possiamo a buon diritto asserire d'essere in possesso
d'un elemento e di non dover più risalire da questo
ad altri vocaboli.

Er. Mi pare che tu dica benissimo.

So. Ebbene, anche ora, i nomi di cui mi domandi
son essi per caso elementi, e dobbiamo noi indagare
in qualche altro modo in che consista la loro giustezza?

Er. È probabile.

So. Sì, è probabile, Ermógene, perchè tutti forse
i nomi esaminati fin qui risalgono a questi. Ma se è
così, come a me pare che sia, su, Ermógene, esamina
insieme con me, ch'io non farnetichi dicendo quale
debba essere la giustezza de' primi nomi.

Er. Parla dunque, perchè nella misura delle mie
forze io possa fare un tale esame insieme con te.

XXXIV. — *So.* Ora, che la giustezza d'ogni nome, del
primo come dell'ultimo, sia una sola, e che nell'esser
nome nessuno di loro differisca, è cosa nella quale
anche tu, credo, sarai d'accordo con me.

Er. Pienamente.

So. Ma la giustezza di quei nomi, che or ora appunto abbiamo disaminati, voleva esser tale da chiarire quale è mai ciascuno degli enti.

Er. Come no?

So. E questa condizione devono adempierla così
i primi nomi come gli ultimi, se è vero che son nomi.

Er. Senza dubbio.

So. Ma, come s'è visto, i più recenti potevano
riuscirvi solo mediante i più antichi.

Er. È chiaro.

So. Sta bene. Però i primi nomi, da cui ancora non
ne dipendono altri, in che modo riusciranno, il più
ed il meglio, se nomi devono pur essere, a renderci
manifeste le cose? Rispondi a questa domanda: se

non avessimo nè voce nè lingua e volessimo a vicenda manifestarci le cose, non cercheremmo, come ora i muti, di significarle con le mani, con la testa e con le altre membra del corpo?

Er. E come si potrebbe diversamente, Socrate?

So. Se, poniamo, volessimo indicare l'in su e il 423 leggiero, leveremmo, credo, le mani verso il cielo, cercando d'imitare la natura medesima dell'oggetto; e se, al contrario, l'in giù e il grave, le abbasseremmo verso la terra. E se volessimo indicare o un cavallo nell'atto di correre o un altro animale qualsiasi, sai bene che cercheremmo di raffigurarli il meglio possibile col nostro corpo e co' nostri gesti.

Er. Mi pare che debba esser proprio come dici.

So. Giacchè io credo che soltanto così sarebbe possibile indicare un oggetto: quando, com'è naturale, il corpo riuscisse ad imitare quello che si voleva indicare.

Er. Sì.

So. Ora, poichè vogliamo indicare un qualsiasi oggetto e con la voce e con la lingua e con la bocca, non ci verrà fatto d'indicarlo con questi organi solo quando per mezzo di essi ci venga fatto d'imitarlo?

Er. Necessariamente, mi pare.

So. Nome dunque, si direbbe, è imitazione con la voce della cosa che si vuole imitare; e colui denomina che imita con la voce quello ch'egli si proponga d'imitare.

Er. A me così sembra.

So. Ma a me, per Zeus, non mi sembra ancora che si dica bene, amico mio.

Er. E perchè?

So. Perchè, in tal caso, di quelli che rifanno il verso delle pecore, de' galli e degli altri animali, saremmo obbligati a convenire che danno il nome a quelli di cui contraffanno la voce.

Er. È vero.

So. E ti par dunque che si dica bene?

Er. A me no. Ma allora, Socrate, che imitazione sarebbe il nome?

So. Prima di tutto, come pare a me, non quando imitiamo le cose così come le imitiamo con la musica, sebbene anche in questo caso noi le imitiamo con la voce; e poi non quando imitiamo quelle cose che imita anche la musica, noi, a parer mio, le denominiamo. Voglio dir questo: hanno gli oggetti ciascuno suono e figura, e molti anche colore?

Er. Niun dubbio.

So. Sicchè pare che non quando uno imiti codeste cose, e neppure in codeste imitazioni, abbia luogo l'arte del nominare; chè siffatte arti sono o la musica o la pittura. Non credi?

Er. Sì.

So. E che poi? Non pare a te che ciascun oggetto abbia una sua essenza, come ha e colore e quelle altre proprietà a cui accennavamo? Anzi, in primo luogo, il colore stesso e la voce non hanno ciascuno un'essenza, non meno di tutte quante le altre cose che meritano quest'appellazione dell'essere?

Er. A me così pare.

So. Ebbene, se uno di ogni cosa potesse imitare proprio questo: l'essenza, per via di lettere e di sillabe, non esprimerebbe forse ciò che ciascuna cosa è? O no?

424

Er. Sicuro.

So. E che nome daresti a chi potesse far ciò, come quei primi li hai chiamati l'uno musicista e l'altro pittore? Che nome daresti a costui?

Er. Ecco, Socrate, mi par che questo sia ciò che si cerca da un pezzo: l'uomo atto ad attribuire i nomi.

XXXV. — *So*. E però, se questo è vero, io penso che senz'altro s'abbia da esaminare riguardo a' nomi di cui mi chiedevi, riguardo, cioè, a ῥοή, 'flusso', e ἰέναι, 'andare', e σχέσις, 'abito' o 'rattenimento', se l'autore di essi coglie con le lettere e con le sillabe l'esser loro in guisa da imitarne l'essenza, o no?

Er. Certamente.

So. Orsù, vediamo se de' primi nomi non ci sieno che questi soltanto, o anche molti altri.

Er. Per me penso che ce ne sieno anche altri.

So. Ed è infatti probabile. Ma quale può essere il modo di distinguere i mezzi con cui chi imita comincia ad imitare? Poichè l'imitazione dell'essenza accade che si faccia con sillabe e con lettere, la via più diritta non è forse di distinguer dapprima gli elementi, come quelli che prendono a studiare i ritmi sogliono dapprima distinguere il valore degli elementi e, dopo, quello de' nessi; e con questa preparazione procedono allo studio dei ritmi, non prima?

Er. Sì.

So. E non dobbiamo dunque anche noi allo stesso modo dapprima distinguere nelle lettere le vocali, poi, tra le altre, secondo le specie, le consonanti e le mute da una parte — così difatti le chiamano i competenti — e dall'altra quelle che non sono vocali, ma non sono neanche mute? e ancora tra le stesse vocali quante hanno specie diverse l'una dall'altra? E dopo aver distinto gli elementi, distinguer bene daccapo tutte le cose alle quali conviene dar un nome, se ce n'è di quelle a cui, come gli elementi, si riferiscano tutte, dalle quali sia possibile e vederle in se stesse e se in esse ci sieno specie così appunto come negli elementi; e dopo d'averle bene esaminate a fondo tutte, saper applicare ciascun elemento o lettera secondo la somiglianza, sia che si debba riferirne uno solo ad un solo oggetto, o molti mescolati insieme [ad uno solo], come i pittori, quando vogliono ritrarre, talvolta sogliono adoperare il solo color porpora, talvolta un altro qualunque, e c'è casi in cui ne mescolano insieme parecchi, come allorchè vogliano imitare il colorito della carne umana o qualcos'altro dello stesso genere, secondo che, ritengo, questa o quella immagine richieda questo o quel colore; e così anche noi applicheremo gli elementi agli oggetti, un solo ad un solo, dove paia che così convenga, e molti insieme, formando quelle che chiamano sillabe, e aggruppando a lor volta più sillabe, donde constano 425 e i nomi e i verbi; e daccapo da' nomi e da' verbi costruiremo senz'altro qualcosa di grande, di bello e d'intero, siccome lì la figura con l'arte pittorica, qui la proposizione con l'arte del denominare o del dire o comunque si voglia chiamare. O piuttosto non già noi; ma io mi son lasciato trascinare nel discorrere. Giacchè furono gli antichi quelli che composero i nomi così come sono composti; quanto a noi, se sapremo esaminarli tutti a regola d'arte, fatte codeste distinzioni, dovremo considerare se tanto i primi nomi quanto i posteriori si trovino posti a modo, o no. E bada, caro Ermógene, che il connettere diversamente < gli elementi della voce con quelli delle cose > non sia un procedere sbagliato e non per via buona.

Er. Forse, per Zeus, hai ragione, Socrate.

XXXVI. — *So.* Oh! che, dunque? Confidi tu in te stesso di poterli distinguere a codesto modo? Io no, davvero.

Er. Ma io sono lontanissimo dall'avere questa fiducia.

So. Dunque ci rinunzieremo, o vuoi che così come possiamo, anche se non in grado di vederci che ben poco addentro, ci mettiamo a tentarne l'esame, premessa, come poco fa a proposito degli dei, la dichiarazione che noi, pur non sapendo nulla del vero, cercavamo di congetturare le opinioni degli uomini intorno ad essi; e così, anche ora, si vada avanti dopo d'aver dichiarato a noi stessi che se in qualche modo o altri o noi medesimi dovessimo distinguerli, così dovremmo distinguerli, ma che per ora dobbiamo contentarci di trattarne il meglio che si può, come si suol dire? Approvi, o no?

Er. Per me, approvo col maggior calore.

So. Ridicole, io penso, Ermógene, ci parranno le cose, quando le avremo dinanzi agli occhi imitate con lettere e sillabe. Pure è necessario. Difatti non abbiamo nulla di meglio a cui riferirci circa la verità de' primi nomi, a meno che tu, come i tragici quando non trovano una via d'uscita ricorrono alle macchine facendo apparire gli dei; tu non voglia che anche noi ci si cavi d'impaccio così, affermando che i primi nomi li posero gli dei, e perciò stanno bene. E sarà questa dunque per noi pure la migliore delle soluzioni? o quell'altra: che li abbiamo appresi da taluni barbari,

e i barbari sono più vecchi di noi? o che, data l'anti- 426
chità loro, è impossibile sottoporli a disamina, com'è
anche delle voci barbariche? Chè tutti questi sarebbero de' sotterfugi, e molto abili, per chi non voglia
render ragione de' primi nomi come s'attaglino bene.
Eppure, chi in qualche modo non intende la giustezza
de' primi nomi, non può intendere quella de' più recenti che per necessità traggono luce da quelli che nessuno intende. Anzi è evidente che chi afferma di posse-
dere codesta arte debba mostrare d'averla soprattutto e
chiarissima dei primi nomi, o persuadersi che su' più recenti non dirà che chiacchiere. O a te pare altrimenti?

Er. Oh! non altrimenti, Socrate.

So. Orbene, il mio sentimento sui primi nomi mi
pare addirittura impertinente e ridicolo. Comunque,
te lo comunicherò, se può farti piacere. E tu, se hai
di meglio dondechessia, ingegnati di comunicarlo a
me pure.

Er. Lo farò. Coraggio, parla!

XXXVII. — *So*. Innanzi tutto, a me almeno, pare che
il ρ sia come strumento di tutto il ' moto ', di quella
κίνησις, cioè, della quale non abbiamo ancora spiegato
per qual ragione abbia questo nome; ma è chiaro che
vuol essere ἔσις, 'moto' verso qualche cosa o 'desiderio',
tenuto conto che anticamente non usavamo l'η, ma l'ε.
Il principio di κίνησις è da κίειν, voce forestiera che
significa ' andare '; cosicchè, se uno volesse trovarne
l'antico nome, rispondente alla nostra parlata, dovrebbe
chiamarla < non κίνησις, ma > ἔσις. Ora invece, per
via di quel vocabolo forestiero κίειν, della sostituzione
dell' η, della inserzione del ν, s'è chiamata κίνησις,
mentre si sarebbe dovuta chiamare κιείνησις [o εἶσις]. La
στάσις poi, la ' sosta ', vuol esser negazione dell'andare < e avrebbe dovuto suonare ἄεσις >, ma per
illeggiadrirla di più s'è detta ʃστάσις. La lettera ρ
dunque, come dico, a chi poneva i nomi parve
fosse un bell'istrumento del moto, quanto a render
l'immagine della φορά, del ' portare o esser portato ';
certo e' l'usa in più casi a questo scopo. E prima di

tutto nello stesso ρεῖν, 'fluire', e in ῥοή, 'flusso', egli con questa lettera imita la φορά; e poi nel nome τρόμος, 'tremore', e poi nel τρέχειν, 'correre', e ancora, per esempio, nelle parole seguenti: κρούειν, 'battere', θραύειν, 'infrangere', ἐρείκειν, 'fendere', θρύπτειν, 'tritare', κερματίζειν, 'sminuzzare', ῥυμβεῖν, 'far girare', in tutte queste egli il moto lo raffigura soprattutto per mezzo del ρ. Egli infatti, s'io non erro, vedeva che nel pronunciare questa lettera la lingua sta ferma il meno possibile e vibra il più che può; e però mi pare l'avesse usata a ciò; laddove si valse dell'ι, ad indicare tutto quello che è sottile e meglio d'ogni altra cosa ἴοι ἄν, 'può andare' dappertutto. Per tali ragioni l'ἰέναι, l' 'andare', e l'ἴεσθαι, l' 'affrettarsi', lo imita per mezzo dell'ι; come per mezzo del φ, del ψ, del σ e dello ζ, dacchè queste lettere sono spiranti, ha nel denominare imitato tutte le cose siffatte, quali lo ψυχρόν, il 'freddo', lo ζέον, il 'bollente', il σείεσθαι, l' 'essere scosso', e in generale qualunque σεισμός, 'scuotimento'. E quando imita ciò che implica soffio o fiato, in tal caso pressochè dappertutto l'inventore de' nomi impiega queste lettere. D'altronde il potere che al δ e al τ viene dalla pressione e dall'appoggio della lingua pare ch'egli lo stimasse utile ad imitare il δεσμός, il 'legame', e la στάσις, la 'sosta'. E avvistosi che la lingua ὀλισθάνει, 'scivola', soprattutto nel λ, per assimilazione si servì di questa lettera nel denominare le cose λεῖα, 'lisce', e questo stesso ὀλισθάνειν, 'scivolare', e il λιπαρόν, l' 'oleoso', il κολλῶδες, il 'glutinoso', e tutte le altre cose simili. E poichè, mentre la lingua scivola, il potere del γ la rattiene, imitò in questo modo il γλίσχρον, il 'vischioso', il γλυκύ, il 'dolce', e il γλοιῶδες, l' 'attaccaticcio'. E nel ν sentendo l'interiorità del suono, ne profittò per dar nome all'ἔνδον, 'internamente', e all'ἐντός, 'dentro', come a raffigurare con le lettere le cose. E d'altronde assegnò l'α al μέγα, al 'grande', e l'η al μῆκος, alla 'lunghezza', perchè sono lettere magniloque. E avendo bisogno d'un segno per indicare il 'tondo', il γογγύλον, prese l'o, e lo mescolò largamente a questo vocabolo.

E così sembra ch'egli, il legislatore, proceda con gli altri, creando per via di lettere e di sillabe un segno ed un nome per ciascun oggetto, e da questi con essi stessi componga i rimanenti, imitando. Questa, Ermógene, pare a me voglia essere la giustezza de' nomi... purchè Crátilo qui non dica diversamente.

XXXVIII. — *Er.* Appunto, Socrate, come da principio dicevo, Crátilo spesso mi mette in grave imbarazzo con l'asserire che c'è, sì, una giustezza de' nomi, ma non dice punto chiaro quale sia, sicchè io non riesco a intendere se apposta o suo malgrado egli ne parli ogni volta con così poca chiarezza. Ebbene, Crátilo, dimmi ora in presenza di Socrate, se approvi quel che dice Socrate de' nomi, o hai da opporre qualcosa di meglio; e se l'hai, dillo, affinchè o tu impari da Socrate o c'insegni a tutti e due noi.

Crá. Oh che! Ermógene? E credi che tu sia facile imparare e insegnare alla lesta una cosa qualunque, non che questa di tanto peso da sembrar gravissima tra le più gravi?

Er. Per Zeus, ma io non lo penso davvero. Però 428 ritengo giusto il detto d'Esiodo: che anche il metter poco su poco (1) è un guadagno. Se quindi puoi fare anche un po' di più, non perderti d'animo, ma rendi questo servigio e a Socrate qui — chè ne hai il dovere — e a me.

So. Certamente, Crátilo, io stesso non mi ostinerei punto in nessuna delle cose che ho dette; ma come a me pareva, le ho indagate insieme con Ermógene; sicchè in vista di ciò fatti animo e di' se hai qualcosa di meglio, ch'io son qui per accoglierlo. Nè, se tu hai di meglio, io me ne maraviglierei. Giacchè penso che queste cose tu debba averle e studiate da te e imparate da altri. Ove dunque tu ci dica alcunchè di più bello, prendi nota anche di me come d'uno de' tuoi discepoli sulla giustezza de' nomi.

____

(1) Cfr. *Opp. et Dies* v. 361.

Crá. Ma senza dubbio, Socrate, come tu dici, son cose su cui ho meditato, e ben ti prenderei per discepolo. Pure temo non sia proprio il contrario; chè mi viene ora, non so come, in mente di dire a te le parole d'Achille, quelle che egli nelle 'P r e g h i e r e' rivolge ad Aiace. E' dice:

Rettor di popoli, Aiace Telamonio, prole divina,
  ben hai saputo in tutto secondo il mio cuore parlarmi (1);

ed a me pare, Socrate, che tu vaticini proprio secondo il mio cuore, sia che t'abbia ispirato Eutífrone, sia anche che qualche altra Musa s'annidi in te da un pezzo senza che tu te ne sia avvisto.

So. Mio buon Crátilo, io stesso da un pezzo mi sorprendo della mia sapienza e ne diffido. Anche a me dunque par necessario un nuovo esame per vedere che cosa mai sto dicendo. Difatti l'ingannarsi da se medesimo è il peggio che possa capitarci; poichè, quando l'ingannatore non si scosta da noi neppur d'un tantino e ci sta sempre alle costole, come non sarebbe questo un male gravissimo? Bisogna perciò, credo, tornare più volte sulle cose già dette e provarsi, per dirla col poeta, a guardare n e l l o s t e s s o t e m p o a v a n t i e i n d i e t r o (2). Ed ecco: anche ora, noi dobbiamo vedere che cosa s'è detto. Giustezza del nome, affermiamo, è quella che mostri quale l'oggetto sia. Affermeremo che questo basta?

Crá. Per me basta e soverchia, Socrate.

So. Sicchè i nomi son dati a scopo d'ammaestramento?

Crá. Senza dubbio.

So. Diremo dunque che questa è un'arte e che ce ne sono degli artefici?

Crá. Senza dubbio.

------

(1) Cfr. *Il.* IX 644 sg. La seconda parte di questo libro IX era conosciuta presso gli antichi col tit. 'L e p r e g h i e r e'.
(2) È reminiscenza omerica; cfr. *Il.* I 343; III 109.

So. E chi?

Crá. Quelli a cui alludevi da principio, i legislatori. 429

So. Sicchè affermeremo che anche quest'arte s'ingeneri negli uomini così come anche le altre; o no? E voglio dir questo: di pittori ce n'è sempre, peggiori e migliori?

Crá. Certo.

So. E i migliori rappresentano meglio i loro soggetti, le figure; gli altri, men bene? Allo stesso modo, degli architetti alcuni le case le costruiscono più belle, altri più brutte.

Crá. Sì.

So. Cosicchè anche i legislatori le opere loro le faranno gli uni più belle, gli altri più brutte?

Crá. Su questo non sono più d'accordo.

So. Sicchè le leggi non ti paiono le une migliori, le altre peggiori?

Crá. No, certo.

So. E così neanche i nomi a parer tuo, s'io non erro, stanno l'uno peggio, l'altro meglio?

Crá. No, certo.

So. Tutti i nomi stanno dunque a capello?

Crá. Sì, quanti almeno son nomi.

So. E che? Come si diceva anche poc'anzi, al nostro Ermógene qui dobbiamo dichiarare che quésto nome non sia neppure il suo, s'e' non ha nulla di comune con l'Ἑρμοῦ γένεσις, con la 'generazione di Ermes'; o che sia il suo, ma non sia giusto?

Crá. Che non sia neppure il suo, pare a me, Socrate, ma sembri tale; e sia questo in realtà il nome di un altro, di colui a cui si conviene quella natura [che il nome indica].

So. E uno non mentisce neppure, quando asserisca che questi è Ermógene? Anzi questo non potrebbe forse neppure accadere: che uno asserisca che costui sia Ermógene, se non è.

Crá. Come dici?

So. Che dire il falso non è addirittura possibile, è questo forse il senso del tuo ragionamento? Perchè c'è molti che lo sostengono, mio caro Crátilo, così oggidì (1) come nel passato.

Crá. E difatti, Socrate, come può esser possibile che uno, dicendo quello che dice, non dica quello che è? O il dir falso non è questo: il dire quello che non è?

So. Codesto, amico mio, è ragionamento troppo squisito per me e per la mia età. Pure rispondi solo a questa domanda: pensi tu che dire il falso non si dia, ma l'esprimerlo sì?

Crá. Io penso che non si dia nemmeno l'esprimerlo.

So. E nemmeno nè enunciare il falso nè rivolger la parola falsamente? Per esempio, se uno, incontrandoti in un paese forestiero, ti stringesse la mano e ti dicesse: « Salve, forestiero Ateniese, figliuolo di Smicrione Ermógene », costui questa cosa la direbbe o l'esprimerebbe o l'enuncierebbe o si rivolgerebbe non a te, ma a questo Ermógene qui? o a nessuno?

Crá. A me pare, Socrate, che costui emetterebbe de' suoni a caso.

430 *So.* Ma mi contento anche di questo. Chi emettesse codesti suoni, ne emetterebbe di veri, o di falsi? o in parte di veri, in parte di falsi? Chè basterebbe anche questo.

Crá. Quanto a me direi che costui fa del rumore, agitando inutilmente se stesso, come uno che agiti un vaso di bronzo picchiandovi su.

XXXIX. — *So.* Coraggio, amico! vediamo se ci si può intendere. Non diresti che altro è il nome, altro quello di cui è il nome?

Crá. Sicuro.

So. E non ammetti altresì che il nome sia imitazione dell'oggetto?

Crá. Indiscutibilmente.

So. E così tu dici che anche le pitture, in un altro senso, sono imitazione di certi oggetti?

Crá. Sì.

____

(1) Era difatti opinione anche d'Antistene.

So. Avanti, dunque! Forse io non capisco ciò che tu vuoi dire, e può darsi che tu dica benissimo. Entrambe queste imitazioni: le pitture e quei nomi, è possibile distribuïrle ed assegnarle agli oggetti de' quali sono imitazioni, o no?

Crá. Possibile.

So. Ora, anzitutto, considera questo punto: si può l'immagine d'un uomo riferirla ad un uomo, e quella d'una donna ad una donna; e così via dicendo?

Crá. Senza dubbio.

So. Ma si può anche al contrario riferire ad una donna l'immagine d'un uomo, e ad un uomo quella d'una donna?

Crá. Possibile anche questo.

So. Ora, queste attribuzioni sono giuste entrambe, o solamente l'una delle due?

Crá. L'una delle due.

So. Quella, credo, che a ciascun oggetto attribuisca ciò che gli conviene e gli somiglia.

Crá. Così direi anch'io.

So. Affinchè dunque non si contenda a parole tra me e te che siamo amici, ammettimi ciò che sto per dire. Codesta, amico, per mio conto, in tutte e due queste imitazioni, nelle figure e ne' nomi, io la chiamo un'attribuzione giusta, e ne' nomi, oltrechè giusta, anche vera; l'altra invece, l'assegnazione e l'applicazione del dissimile, non giusta, e per dippiù falsa, quando accada ne' nomi.

Crá. Però bada, Socrate, che questo, il non attribuir giusto, accada, sì, ne' dipinti, ma non già ne' nomi, dove anzi necessariamente l'attribuzione è giusta sempre.

So. Come, come? In che l'una cosa differisce dall'altra? Non è forse possibile che uno, avvicinatosi ad un altro uomo, gli dica: « Ecco il tuo ritratto », e gli mostri, se gli piace, l'immagine di lui, e, se gli piace, quella d'una donna? E per m o s t r a r e intendo sottoporre alla sensazione degli occhi.

Crá. Certamente.

So. Ma e poi, non è anche possibile che costui,

avvicinatosi allo stesso uomo, gli dica: « Ecco il tuo nome »; ed anche il nome è, credo, imitazione come il dipinto. Ora, io voglio dir questo: non potrebbe costui dirgli: « Ecco il tuo nome », e dopo ciò, sottoporgli alla sensazione dell'udito, se gli piace, l'imitazione di lui, dicendogli che è uomo; o, se gli piace, quella della parte femminile del genere umano, dicendogli che è donna? Non credi che ciò sia possibile ed avvenga talvolta?

Crá. Te lo voglio concedere, Socrate; e sia così.

So. E fai bene, amico mio, se è così, giacchè non è davvero ora il caso di leticarne. Però, se anche qui un'attribuzione cosiffatta è possibile, noi chiameremo l'uno di questi due atti d i r e   i l   v e r o, e l'altro d i r e   i l   f a l s o. E se è così, ed è possibile attribuire non giustamente i nomi e non rendere a ciascun oggetto i nomi che gli s'addicono, ma a volte quelli che non gli s'addicono; sarà possibile che il caso si ripeta anche ne' verbi; e, se è possibile applicare a questo modo verbi e nomi, anche per le proposizioni si verificherà necessariamente lo stesso, poichè le proposizioni non sono, s'io non m'inganno, che una combinazione di quelli. O come dici tu, Crátilo?

Crá. Proprio così; mi pare che tu dica bene.

So. Cosicchè, se daccapo assomigliamo i primi nomi a dipinti, può darsi che, come nei dipinti, talvolta s'impieghino tutti i colori e i tratti che s'addicono ad essi, talvolta non tutti, ma se ne tralascino alcuni, e anche se ne aggiungano altri, e più numerosi e maggiori; o non è possibile?

Crá. Può darsi.

So. Orbene, colui che impieghi a dovere tutti codesti mezzi crea dipinti ed immagini belle; colui invece che v'aggiunga o ne tolga, crea, sì, anche lui dipinti ed immagini, ma li crea cattivi.

Crá. Sì.

So. Ma che diremo di chi per via di sillabe e di lettere cerca d'imitare l'essenza delle cose? Non forse, attenendoci allo stesso ragionamento, che se renda loro tutto ciò che loro s'addice, l'immagine, cioè il nome, sarà bella; se invece talvolta tralasci o v'aggiunga qualcosa anche d'insignificante, ne verrà fuori certo un'immagine, ma non bella? Sicchè de' nomi ce ne saranno taluni creati bene, ma altri male?

Crá. Probabilmente.

So. E probabilmente quindi l'uno sarà buon artefice di nomi, l'altro cattivo?

Crá. Sì.

So. Ora questo artefice non aveva nome legislatore?

Crá. Sì.

So. Sicchè, per Zeus, probabilmente, come nelle altre arti, ci sarà il legislatore buono e il legislatore cattivo, se ci si trova d'accordo nelle cose dette finora.

Crá. Così è. Però tu vedi, Socrate, che quando queste lettere, l'α e il β e ciascuno degli elementi noi lo assegniamo a' nomi secondo grammatica, ove mai ne togliamo via o v'aggiungiamo o ne mutiamo qualcuno, non solo non abbiamo scritto il nome e non l'abbiamo scritto giusto, ma non l'abbiamo neanche scritto addirittura; bensì gli è subito un'altra cosa, quando soffra una di queste alterazioni. 432

So. Bada che forse, ad intenderla così, non l'intendiamo come si deve, Crátilo.

Crá. E perchè?

So. Perchè forse in tutte le cose, che necessariamente constano d'un numero, o non sono, può verificarsi quel che tu dici, come, poniamo, nel dieci o in qual altro numero ti piaccia, a cui se tu togli o aggiungi, eccolo divenuto subito un altro. Bada però che la giustezza di ciò che ha qualità e di tutta un'immagine non sia proprio questa; che anzi, al contrario, essa non debba riprodurre in tutto e per tutto qual è l'oggetto che imita, se vuol essere immagine. E osserva se dico nulla. Forse che, per esempio, Crátilo e l'immagine di Crátilo sarebbero, queste, due cose distinte, se un dio non solo riproducesse, come fanno i pittori, il tuo colorito e la figura, ma anche tutto il tuo interno proprio com'è, e gli desse le stesse morbidezze e gli stessi calori tuoi; e moto e anima e intelligenza vi ponesse dentro come sono in te, e in una parola ponesse accanto a te il duplicato preciso in tutto di ciò che tu sei? Sarebbero questi in tal caso Crátilo e l'immagine di Crátilo, o addirittura due Crátili?

Crá. Due Crátili secondo me, Socrate.

XL. — *So*. Tu vedi dunque, caro mio, come nell'immagine s'abbia da cercare una giustezza diversa, e non già volere per forza che, ove un qualcosa le manchi o vi sia aggiunto, essa non sia più immagine? O non avverti quanto le immagini stesse sieno lontane dal riprodurre in tutto e per tutto gli oggetti di cui sono immagini?

Crá. Lo riconosco.

So. Anzi, Crátilo, agli oggetti, di cui i nomi son nomi, toccherebbe per opera de' nomi un caso ridicolo, se ad essi i nomi fossero simili in tutto e per tutto, giacchè si genererebbero altrettanti duplicati, e nessuno sarebbe in grado di dire di ciascun de' due qual è l'oggetto e quale il nome.

Crá. Hai ragione.

So. Animo dunque, generoso uomo! permetti che de' nomi qualcuno s'attagli a capello, qualche altro no; e non volere per forza che abbiano tutte le lettere affinchè ciascuno sia addirittura tale qual è l'oggetto di cui è nome; ma permetti che gli si aggiunga anche la lettera che non gli si addice; e se una lettera, anche un nome in una proposizione; e se un nome, anche una proposizione nel discorso, la quale non s'addica alle cose; e niente meno si nomini e si esprima l'oggetto fino a che vi rimanga il tipo dell'oggetto di cui si ragiona, come nei nomi delle lettere, se ti ricordi ciò che dianzi io ed Ermógene dicevamo < a proposito del βῆτα >.

Crá. Ma me ne ricordo.

So. Benissimo dunque. Difatti, fino a che esso tipo vi rimane, quand'anche il nome non abbia tutti gli elementi che gli si addicono, l'oggetto sarà espresso, bene, ove li abbia tutti; male, ove pochi. Lasciamo dunque, benedetto uomo, che sia espresso, per non incorrere in una pena come quelli in Egina che girano per via a notte inoltrata, e non aver noi da parte nostra l'apparenza di giungere in verità alle cose suppergiù allo stesso modo, più tardi del dovere (1); ovvero cerca un'altra giustezza del nome e non ammettere che n o m e sia manifestazione d'un oggetto per via di sillabe e di lettere. Chè, se queste cose tu le sosterrai tutte e due, non potrai mai esser d'accordo con te stesso.

Crá. Ma io trovo, Socrate, che hai ragione, e lo ammetto.

So. Ebbene, poichè su questo punto siamo dello stesso avviso, passiamo ad esaminare ciò che segue. Se, noi affermiamo, il nome deve adattarsi bene, è necessario che abbia le lettere che gli s'addicono?

Crá. Sì.

So. E gli si addicono quelle che son simili agli oggetti?

Cra. Appunto.

So. E perciò i nomi posti bene sono posti così. Ma se qualcuno non fu posto bene, il più d'esso forse ad ogni modo consterà di lettere che gli s'addicono e son simili ad esso, dato che debba essere un'immagine; ma avrà pure qualche elemento che non gli s'addice, per il quale il nome può non esser buono nè formato bene. Diremo così, o altrimenti?

Crá. Io non credo, Socrate, che se ne debba fare una questione. Pure a me non piace affermare che sia nome e ciò nonostante non sia posto bene.

So. Forse non ti piace questo: che il nome sia manifestazione dell'oggetto?

Crá. Di questo consento.

So. Ma che de' nomi taluni sieno composti da nomi

---

(1) Il luogo non è facile. Che il governo d'Egina, data l'ostilità permanente dalle guerre mediche in poi tra quest'isola e la sua potente vicina Atene; fosse costretto a sottoporre gli abitanti a misure rigorose di polizia per difendersi contro possibili trame de' nemici, è naturale. Difficile invece è intendere che cosa ci sia di comune tra il caso di Socrate e Crátilo da una parte e quello degli Egineti dall'altra. Vorrà forse dire che le soverchie pretese di Crátilo ritardano e impediscono di giungere ad una plausibile conclusione?

anteriori, altri sieno primi, è forse questo che a parer tuo non fu detto bene?

Crá. Oh! no; consento anche di questo.

So. Ma i primi nomi, se' devono essere manifestazioni di certe cose, sai tu indicare un modo migliore, per cui diventino manifestazioni, altro che il farli quanto più è possibile tali quali sono le cose che devono manifestare? O ti piace meglio quel modo che dice Ermógene e altri molti: che i nomi son convenzioni ed hanno un significato per quelli che ne son convenuti e già sanno le cose; e che in questo, nella convenzione, consiste la giustezza del nome, e non importa punto se uno convenga com'è stabilito ora, ovvero nel contrario, di chiamar grande quel che oggi chiamiamo piccolo, o piccolo quel che chiamiamo grande? Quale de' due modi ti piace?

434   *Crá.* Oh! Socrate, c'è di mezzo un abisso tra il manifestare per via di somiglianza ciò che si vuol manifestare e il farlo come capita.

So. E dici benissimo. Cosicchè, se il nome dovrà esser simile all'oggetto, è necessario che sieno di lor natura simili agli oggetti gli elementi coi quali uno dovrà comporre i primi nomi? E voglio dir questo: avrebbe mai qualcuno composto, ciò che dianzi dicevamo, un dipinto somigliante a qualcuna delle cose esistenti, se in natura non fossero de' colori, coi quali comporre ciò che si vuol dipingere, simili a quelli che la pittura imita? O sarebbe impossibile?

Crá. Impossibile.

So. Sicchè, parimenti, non si potrebbero aver mai neanche nomi simili a nulla, se prima non ci fossero, forniti d'una certa loro somiglianza con le cose di cui i nomi sono imitazioni, quegli elementi de' quali appunto si compongomo i nomi? E questi elementi di cui s'hanno a comporre sono lettere?

Crá. Sì.

XLI. — *So.* Cosicchè oramai seguimi anche tu nella ricerca a cui poc'anzi attendevo con Ermógene. Ebbene, ti pare che sia ben detto che il ρ somiglia alla φορά, alla ' tendenza a portare o esser portato ', alla κίνησις, al ' moto ', e alla σκληρότης, alla ' durezza '; o non ti par bene?

Cra. A me pare di sì.

So. E il λ al λεῖον, al ' liscio ', al μαλακόν, al ' molle ', e a quelle altre qualità a cui or ora accennavamo?

Cra. Sì.

So. E sai tu che quella stessa cosa, che noi diciamo σκληρότης, gli Eretriesi la dicono σκληροτήρ?

Cra. Lo so.

So. Ora, il ρ e il σ somigliano tutteddue alla stessa cosa ed esprimono lo stesso, sebbene per gli Eretriesi il vocabolo termini col ρ e per noi col σ? o per gli uni tra noi due non esprimono nulla?

Cra. Esprimono certo lo stesso per quelli e per noi.

So. In quanto son simili il ρ ed il σ, o in quanto non sono?

Cra. In quanto son simili.

So. Ma simili in ogni caso?

Cra. Probabilmente almeno nell'esprimere la φορά.

So. Ed anche il λ che c'è inserito? Non esprime questo il contrario di σκληρότης?

Cra. Forse non c'è inserito giustamente, Socrate; come in quei casi che citavi ad Ermógene eliminando e aggiungendo lettere dove convenisse e, mi pareva, con ragione. Sicchè forse in luogo di λ bisogna sostituir ρ.

So. Dici bene. Però, bada: così come ora diciamo, non c'intendiamo punto tra noi, quando si dica σκληρόν, ' duro '; nè tu capisci che cosa io ora voglia dire?

Cra. Io, sì, lo capisco, ma per l'abitudine, carissimo Socrate.

So. Ma dicendo a b i t u d i n e credi tu di dire cosa diversa da convenzione? O per abitudine tu intendi altro da questo: che, quando pronuncio quella parola, io ho in mente quella tal cosa e tu capisci ch'io ho in mente appunto quella tal cosa? Non vuoi dir questo?

Cra. Sì.

435

So. Dunque, se quando parlo, tu mi capisci, è segno che ciò che dico ti riesce chiaro?

Crá. Sì.

So. Però la mia parola t'è chiara per via del dissimile da ciò che pensando pronuncio, se è vero che il λ è dissimile da quella che tu dici σκληρότης; e se è così, che altro vuol dire, se non che ne sei convenuto con te stesso, e la giustezza del nome è divenuta per te un patto, poichè esprimono chiaramente del pari così le lettere simili come le dissimili, quando riescano ad essere abitudine e patto? E se al massimo l'abitudine non è patto, sarebbe più esatto dire che non la somiglianza è significazione, ma l'abitudine, giacchè è questa, pare, che esprime così per mezzo del simile come del dissimile. E poichè consentiamo entrambi in queste conclusioni — giacchè, Crátilo, io riterrò il tuo silenzio come un assenso — è necessario che patto ed abitudine contribuiscano in qualche modo alla espressione di ciò che vogliamo significare pensando. Poichè, eccellente uomo, se vuoi prendere ad esame il numero, donde credi che potresti avere de' nomi simiglianti da attribuire a ciascuno de' numeri, ove tu non permetta che il tuo consenso e il patto abbiano potere di decidere sulla giustezza de' nomi? Anche a me, certo, piace che, quanto è possibile, i nomi sieno simiglianti alle cose; ma bada che davvero, per dirla con Ermógene, questa attrazione della somiglianza non ci porti su un terreno sdrucciolevole, e sia necessario servirci per giunta di questo mezzo un po' grossolano, del patto, per renderci conto della giustezza de' nomi. Poichè, io ne convengo, si parlerebbe nel miglior modo possibile quando si parlasse con elementi o tutti o nella massima parte simili, cioè appropriati; e nel modo peggiore, se al contrario... Però, dopo ciò, dimmi ancora questo: che valore hanno per noi i nomi, e quale è mai il buon frutto che producono?

XLII. — *Crá.* Quello d'insegnare, sembra a me, Socrate; e che questo principio non patisca eccezioni: che chi ha la scienza de' nomi, ha anche la scienza delle cose.

So. Forse, Crátilo, tu vuoi dir questo: che quando uno sappia il nome qual è — ed è quale per avventura l'oggetto — saprà anche l'oggetto, poichè questo è simile al nome; ed è unica e sola l'arte di tutte le cose tra loro simili. In conformità di ciò mi pare che tu dica che chi sappia i nomi saprà anche le cose.

Crá. È verissimo quello che dici.

So. E allora, un momento: vediamo quale sarebbe codesto modo d'insegnare le cose a cui ora alludi; e se ce ne sia anche qualche altro, ma questo sia il migliore; o se non ce ne sia nessun altro fuori di questo. Quale di codeste ipotesi preferisci?

Crá. Io penso così: che non ce n'è alcun altro, 436 ma questo è il solo e il migliore.

So. Ed anche forse che sia proprio questa la miglior via di scoprire il vero: che chi scopre i nomi ha scoperto anche le cose di cui sono i nomi; o che altra sia la via d'indagare e scoprire, ma questa quella d'imparare?

Crá. No; io ritengo che la via d'indagare e scoprire sia la stessa e precisamente questa.

So. Suvvia, Crátilo, cerchiamo d'intendere. Se uno, ricercando le cose, corre dietro ai nomi indagando quale ciascun d'essi vuol essere, non intendi tu ch'e' s'espone al rischio non piccolo di rimanere ingannato?

Crá. O come?

So. Evidentemente chi pel primo pose i nomi, quali opinava che le cose fossero, tali appunto, come affermiamo, poneva anche i nomi; non ti pare?

Crá. Sì.

So. Cosicchè se colui non opinava giusto, e li poneva quali opinava; che sorte pensi sia per toccare a noi che lo seguiamo su questa via? altra forse che esser tratti in inganno?

Crá. Ma non è così, Socrate; anzi necessariamente chi poneva i nomi li poneva da quel sapiente ch'egli era; se no, come sto dicendo da un pezzo, non sarebbero neppur nomi. E la maggior prova che chi pose i nomi non ha fallito il vero, abbila in questo: che certo non gli sarebbero mai riusciti tutti così consoni tra loro. O tu stesso non l'intendevi così, dicendo che tutti i nomi eran fatti allo stesso modo e con lo stesso intento?

So. Ma questa, mio buon Crátilo, non è punto una difesa. Se colui che poneva i nomi, sbagliatone il primo, faceva, mirando a questo, violenza agli altri e li costringeva ad andar d'accordo con sè, non è da stupirne, come non è talvolta delle figure geometriche se, dopo che la prima sia stata costruita piccola e inavvedutamente falsa, le altre seguenti, per molte che sieno, s'accordino tutte tra loro. Certo bisogna che sul principio fondamentale d'ogni cosa ognuno ragioni a lungo e mediti a lungo se sia stato, o no, giustamente posto; e quando sia stato scrutato a fondo, tutto il resto deve pure apparir consentaneo con esso. Con tutto ciò io mi stupirei se anche i nomi consuonano con se stessi. E in effetti esaminiamo di nuovo quelli di cui prima abbiamo trattato. Noi affermiamo che i nomi significano l'essenza come se il tutto vada e si muova e fluisca. Non pare forse a te che la manifestino così?

Crá. Proprio così; e la significano giustamente.

437

So. Orbene, di quei nomi riprendiamo innanzi tutto ed esaminiamo questo: l'ἐπιστήμη, la ' conoscenza ' o ' scienza ', quant'è ambiguo e come ha l'aria di significare piuttosto che ἵστησιν, ' ferma ' la nostra anima ἐπί, ' su ' gli oggetti piuttosto che ella venga tratta in giro insieme con essi; ed è più giusto pronunciare l'inizio della parola, come facciamo ora, anzichè, cacciandovi dentro un ε, < vedervi > un'ἐπεῖστήμη. E in secondo luogo il vocabolo βέβαιον, ' fermo ', par che sia imitazione di βάσις, ' sostegno ', e accenni a stabilità, non a moto. E ancora il nome ἱστορία, ' indagine ', significa, pare, che ἵστησι τὸν ῥοῦν, che ' arresta il corso '. E il πιστόν, ' credibile ', equivale del tutto ad ἱστάν, ' che ferma '. E poi la μνήμη, la ' memoria ', indica ad ognuno che essa è μονή, cioè ' permanenza ' nell'anima, e non φορά, ' moto '. E, se ti piace, l'ἁμαρτία, lo ' sbaglio ', e la συμφορά, la ' disgrazia ', se si terrà dietro al nome, appariranno esser la stessa cosa con la σύνεσις, ' comprensione ', con l'ἐπιστήμη, ' conoscenza ' e con tutti gli altri nomi che accennano a cose lodevoli. Ed inoltre affini a questi sembrano l'ἀμαθία, l' ' ignoranza ' e l'ἀκολασία, l' ' incontinenza ', delle quali l'una, l'ἀμαθία, sembra essere il cammino dell'ἅμα θεῷ ἰόντος, cioè di ' chi insieme con dio procede '; e l'altra, l'ἀκολασία equivalere in tutto ad ἀκολουθία τοῖς πράγμασιν, ovvero a ' seguitamento ' e adesione ' al moto delle cose '. E così quelli che reputiamo nomi delle peggiori cose apparirebbero similissimi a quelli delle migliori. E credo che chi ci si mettesse d'impegno ne troverebbe tanti altri da' quali, al contrario, dovrebbe essere indotto a ritenere che colui che pose i nomi non volle significare le cose nè come andanti nè come moventisi, ma come immobili.

Crá. Però, Socrate, tu vedi che la più parte accenna a moto.

So. Ebbene, che vuol dir questo? Conteremo i nomi come se fossero de' voti, e in questo consisterà la loro giustezza? Quello che la maggioranza de' nomi sembri significare, questo sarà il vero?

Crá. Non sarebbe ragionevole.

XLIII. — *So.* In nessun modo, amico mio. Questo dunque lasciamolo da parte (1), e torniamo daccapo là donde siamo giunti qui. Poc'anzi, nelle tue risposte precedenti, se te ne rammenti, dicesti che l'autore de' nomi necessariamente doveva sapere le cose a cui poneva il nome. Sei tuttora della stessa opinione, o no? 438

Crá. Certamente.

So. E tu affermi che siffatta scienza l'avesse anche chi poneva i primi nomi?

---

(1) In alcune edizioni seguono queste parole che i migliori codd. non hanno e che il Burnet aggiunge in nota: (*So.*) ed esaminiamo invece se con noi consenti in quest'altro punto, oppur no. Suvvia: quelli che volta per volta ponevano i nomi nelle città, ed elleniche e barbariche, non abbiamo a ragione consentito che fossero legislatori e l'arte che ha questo potere, legislativa? *Crá.* Certo. *So.* E dimmi: i primi legislatori posero i nomi conoscendo le cose a cui li posero, o ignorandole? *Crá.* A parer mio, Socrate, conoscendole. *So.* Oh! non ancora, amico Crátilo; ma ignorandole. *Crá.* Non mi pare. *So.* Torniamo dunque ecc.

Crá. Senza dubbio.

So. Ora, da quali nomi aveva imparato o scoperto le cose, se i primi non c'erano ancora, e noi d'altronde affermiamo che è impossibile imparare e scoprire gli oggetti altrimenti che o per avere imparato i nomi o per averli da noi stessi scoperti quali sono?

Crá. Mi pare, Socrate, che qualche cosa tu la dica.

So. Come dunque possiamo dire che essi, sapendo, avessero messo i nomi o fossero legislatori, prima ancora che qualsiasi nome esistesse, e quelli ne avessero cognizione, se non è possibile imparare le cose altrimenti che da' nomi?

Crá. Ebbene, io credo che ciò che si può dire di più vero a questo proposito sia che un potere più alto dell'umano abbia messo i primi nomi alle cose, talchè essi debbano essere necessariamente giusti.

So. E credi tu poi che chi mise quei nomi li mettesse contradicendo a se stesso, foss'egli un demone o un dio? O pare a te che poc'anzi noi non dicessimo nulla?

Crá. Ma bada: probabilmente gli altri non sono nomi.

So. Quali, ottimo uomo? quelli che menano alla quiete, o quelli che al moto? Giacchè, come si diceva or ora, non si dovrà giudicarne a maggioranza.

Crá. No, non sarebbe giusto, Socrate.

So. Ma poichè c'è sedizione ne' nomi, e gli uni affermano d'esser essi i simili al vero, e gli altri d'essere invece essi; con quale criterio giudicheremo, o ricorrendo a che cosa? Non certo ad altri nomi diversi da questi, chè non ve ne sono; ma evidentemente bisogna cercare qualcos'altro al difuori dei nomi, che ci chiarisca, senza il concorso di questi, quali tra' nomi sono veri, mostrandoci in modo sicuro la verità delle cose.

Crá. Così mi pare.

So. Sicchè, Crátilo, è possibile imparar gli enti senza il concorso de' nomi, se è così come dico.

Crá. Pare.

So. Ora, per qual altra via puoi sperare d'impararli? Forse per qualche altra al difuori di questa, plausibile e giustissima: esaminando e gli uni mediante gli altri, se mai sono congeneri, ed essi in sè mediante se stessi? Poichè ciò che è altro e diverso da quelli può significare qualcosa d'altro e di diverso, ma non quelli.

Crá. Mi pare che tu dica il vero.

So. Fermo qui, in nome di Zeus. Non abbiamo forse ammesso parecchie volte che de' nomi quanti stieno bene sono simiglianti agli oggetti de' quali son nomi ed anche immagini degli oggetti medesimi? 439

Crá. Sì.

So. Se dunque è possibile soprattutto per mezzo de' nomi conoscer le cose ed è possibile anche per loro stesse, quale sarebbe de' due l'apprendimento più bello e più sicuro? apprendere dall'immagine ed essa stessa se sia riuscita perfettamente somigliante, e la verità di cui è l'immagine, o apprendere dalla verità e la verità stessa e l'immagine di essa se fu conveniente-mente eseguita?

Crá. Dalla verità, mi par necessario.

So. In che modo convenga apprendere o scoprire gli enti, è forse, a conoscerla, cosa ben superiore alle mie ed alle tue forze. Pure dobbiamo esser contenti d'aver convenuto almeno di questo: che le cose non da' nomi, ma ben più da se stesse bisogna apprenderle e indagarle, ben più, ritengo, che da' nomi.

Crá. Così pare, Socrate.

XLIV. — *So.* Ora poi, affinchè questi molti nomi, che tendono allo stesso, non c'ingannino, ci rimane da indagar questo: se in realtà quelli che li han posti li posero convinti che tutte le cose si movessero sempre e fluissero — ed anche a me almeno pare che davvero ne fossero convinti — e se ciò per caso non sia così, ma che costoro medesimi, incappati come in un vortice, ne sieno travolti e, tirandosi dietro noi, vi gittino dentro anche noi altri. Considera difatti, meraviglioso Crátilo, ciò che spesso io sogno. Diremo noi che c'è un bello in sè, un buono in sè, e così del pari ciascuno degli enti; o no?

Crá. A me par bene [che ci sia], Socrate.

So. E allora, consideriamo codesto bello in sè, non già se un volto è bello, o qualche altro oggetto dello stesso genere, tutte cose che paiono fluire; bensì, diciamo, il bello per se stesso non è tale sempre qual è?

Crá. Necessariamente.

So. Ma sarebbe possibile dirlo giustamente per sè, se sfugge sempre, anzitutto quanto all'essere, e poi quanto all'esser così o così; o è necessità che nel momento stesso in cui lo enunciamo, esso diventi un altro e si sottragga e non stia più a quel modo?

Crá. Necessità, certo.

So. Come dunque potrebbe mai essere qualcosa quello che non sta mai allo stesso modo? Perchè, se anche per un attimo rimane al modo stesso, evidentemente in quest'attimo non trapassa. E se sta sempre allo stesso modo ed è lo stesso, come potrebbe tramutarsi o muoversi, non uscendo punto dalla sua propria idea?

Crá. Non potrebbe in nessun modo.

So. Non solo, ma non potrebbe neanche esser conosciuto da nessuno. Giacchè nel momento stesso che uno gli si avvicinasse per conoscerlo, esso diverrebbe altro e diverso, sicchè più non potrebbe esser conosciuto qual è o come si trovi d'essere. Nessuna conoscenza difatti conosce quello che conosce, se questo non sta fermo in alcun modo.

Crá. È come tu dici.

So. Anzi, Crátilo, ci converrà pur dire che conoscenza non esiste, se ogni cosa muta e niente riman fermo. Poichè, se questa medesima cosa: la conoscenza, non si tramuta dall'esser conoscenza, la conoscenza può sempre rimaner ferma ed essere conoscenza; ma se la specie stessa della conoscenza si tramuta, si tramuterebbe in una specie diversa dalla conoscenza e non sarebbe conoscenza. E se sempre si tramuta, sempre non sarebbe conoscenza; e, se questo ragionamento è giusto, non potrebbe esserci nè conoscente nè conosciuto. Ma se c'è sempre il conoscente e c'è il conosciuto e c'è il bello e c'è il buono e c'è, insomma, ciascuno degli enti; non mi pare che tutte queste cose, a cui ora accenniamo, sieno punto simili a flusso o a moto. Ora, se tali cose stieno a questo modo o a quell'altro che dicono Eraclito coi suoi seguaci e molti altri, forse non è facile giudicarlo; ma non è neanche da uomo di molto senno dare in cura a' nomi se stesso e la propria anima; e, pieno di fede in essi e ne' loro autori, ostinarsi come chi qualcosa sappia, e contro sè e gli enti sentenziare che non c'è nulla in nulla di sano, ma che tutte le cose, a guisa di vasi di creta, fluiscono; e credere che, proprio come gli uomini malati di catarro, nella identica condizione stieno anche le cose, che sieno tutte prese dal flusso e dal catarro. Concludendo dunque, Crátilo, può darsi che sia così e può darsi che non sia. Ad ogni modo, bisogna indagare bravamente e bene, e non ammettere facilmente, chè sei ancora giovane ed in età; e quando ci abbia meditato, ove ti riesca di trovare, farne partecipe me pure.

Crá. Ma lo farò. Tuttavia sappi, Socrate, che anche ora non sono senza averci meditato; però quando ci medito e me ne occupo, mi pare assai più credibile che le cose stieno come dice Eraclito.

So. Sta bene; me lo insegnerai un'altra volta, al tuo ritorno, amico mio. Per ora, come eri sulle mosse di fare, vattene in villa; e t'accompagnerà anche il nostro Ermógene.

Crá. Sarà fatto, Socrate; ma anche tu ingegnati ancora di comprenderla, questa dottrina.